3060 中青年学者"双碳"目标学术研讨系列

中国"一带一路"投资的环境效应与绿色发展研究

田仲他 ◎ 著

中国财经出版传媒集团
中国财政经济出版社

图书在版编目（CIP）数据

中国"一带一路"投资的环境效应与绿色发展研究／田仲他著．—北京：中国财政经济出版社，2021.12
ISBN 978－7－5223－0959－0

Ⅰ.①中… Ⅱ.①田… Ⅲ.①"一带一路"－国际直接投资－研究－中国 Ⅳ.①F832.48

中国版本图书馆 CIP 数据核字（2021）第 238029 号

责任编辑：高树花　彭　波　　　　责任印制：史大鹏
责任校对：胡永立

中国财政经济出版社　出版

URL：http://www.cfeph.cn
E－mail：cfeph@cfeph.cn

（版权所有　翻印必究）

社址：北京市海淀区阜成路甲 28 号　邮政编码：100142
营销中心电话：010－88191522
天猫网店：中国财政经济出版社旗舰店
网址：https://zgczjjcbs.tmall.com
北京财经印刷厂印刷　各地新华书店经销
成品尺寸：170mm×240mm　16 开　11.75 印张　200 000 字
2021 年 12 月第 1 版　2021 年 12 月北京第 1 次印刷
定价：68.00 元
ISBN 978－7－5223－0959－0
（图书出现印装问题，本社负责调换，电话：010－88190548）
本社质量投诉电话：010－88190744
打击盗版举报热线：010－88191661　QQ：2242791300

前　言

　　资金融通是"一带一路"倡议的重要支柱。"一带一路"倡议致力于绿色发展。当前,开放发展和绿色发展已成为各国合作的交汇点。评估中国对"一带一路"投资的环境影响,推动中国对外直接投资绿色发展,具有重要的现实意义。本书梳理了国内外相关研究成果,构建国际直接投资与绿色发展理论分析框架,分析中国对"一带一路"投资的特征,创新模型研究方法,分别实证检验东道国环境规制对中国企业投资选择的影响,中国对外直接投资的东道国环境效应,提出促进绿色投资发展政策建议,为建设绿色"一带一路"、加快实现"碳达峰"和"碳中和"提供研究支撑。

　　本书主要结论如下:第一,综合分析中国对"一带一路"64国(地区)直接投资特征,研究"一带一路"投资网络的发展变化。中国对沿线国家(地区)投资增速高于中国整体对外投资增速,分布区域相对集中,产业多元化。中国、俄罗斯、新加坡、印度等在复杂投资网络中发挥了突出的作用,"一带一路"倡议提出后各国间的投资更加活跃。第二,东道国的环境规制水平与中国企业投资结果呈显著的负相关性。东道国较强的环境规制将使中国企业的绿地投资项目和工程项目减少,但有利于吸引中国企业的跨国并购项目。东道国环境规制水平对不同行业的中国企业投资影响存在差异。第三,将中国直接投资(CDI)和其他国家投资均纳入规模、结构、技术固定效应模型分析,发现CDI显著降低了沿线东道国的碳排放总量,不支持污染避难所效应。引入交叉项回归分析讨论东道国异质性。第四,"一带一路"绿色投资的建议包括,加强企业投资项目环评，探索开展"一带一路"环评，加强各国政府间绿色发展和环境保护政策标准对接。积极打造"一带一路"绿色工业园区，支持中国环保产业跨国发展，发展绿色金融为投资项目提供支撑，完善国际投资协定中的环境条款。

本研究的主要创新点有以下3个方面：（1）在研究视角方面，探索构建了国际直接投资与绿色发展的分析框架。从流量、存量、复杂投资网络、企业项目选址等多角度分析中国对"一带一路"投资。从多个方面研究提出发展"一带一路"绿色投资的措施。（2）在研究方法方面，注重综合运用离散选择（Logit）、空间计量、固定效应（FE）、2SLS等多种模型方法。构建纳入空间因素的企业选址模型，在企业层面完善了东道国环境规制对投资选址影响的实证方法。构建了改进的国际直接投资对环境影响模型，将CDI与除CDI以外国际直接投资均纳入模型，更加精准检验CDI的环境效应。（3）在研究结果方面，注重对结果的稳健性和异质性检验。针对绿地投资、跨国并购、工程项目等不同类型以及不同行业的中国企业投资，分别比较东道国环境规制对投资选址的差异性影响。分区域、分层级讨论"一带一路"东道国吸引中国直接投资后碳减排效应的差异性。

目　　录

第一章　绪论 ·· 1
　　第一节　研究背景和意义 ·· 1
　　第二节　研究思路和内容 ·· 5
　　第三节　研究方法和创新点 ··· 9

第二章　文献综述 ·· 11
　　第一节　国际直接投资、经济增长与环境排放 ································· 11
　　第二节　东道国环境规制对投资区位选择的影响 ······························ 17
　　第三节　国际直接投资的环境效应 ··· 28
　　第四节　国际投资与复杂网络理论 ··· 33
　　小结与评述 ·· 35

第三章　国际直接投资与绿色发展的研究分析框架 ·································· 38
　　第一节　绿色发展的内涵与实现路径 ·· 38
　　第二节　国际直接投资与绿色发展的内在联系 ·································· 43
　　小结 ·· 49

第四章　"一带一路"沿线国家（地区）投资现状分析 ······························ 51
　　第一节　"一带一路"沿线国家（地区）国际直接投资分析 ················ 51
　　第二节　中国对"一带一路"投资的现状分析 ·································· 63
　　第三节　"一带一路"国家复杂投资网络 ··· 71
　　小结 ·· 75

第五章 东道国环境规制对中国企业投资选择的影响分析 …… 77
第一节 中国企业在"一带一路"投资情况 …… 77
第二节 中国企业投资选址模型构建 …… 83
第三节 东道国环境规制对中国企业投资选址的影响分析 …… 87
小结 …… 110

第六章 中国对"一带一路"沿线投资的环境效应分析 …… 113
第一节 "一带一路"沿线碳排放情况 …… 113
第二节 国际直接投资对"一带一路"的碳排放影响 …… 116
第三节 中国对外直接投资对东道国碳排放的影响 …… 122
第四节 中国对外直接投资碳排放效应的异质性分析 …… 132
小结 …… 138

第七章 促进"一带一路"绿色投资政策建议 …… 139
第一节 绿色投资与可持续发展 …… 139
第二节 引导企业绿色投资 …… 141
第三节 合作发展绿色工业园区 …… 143
第四节 发展绿色金融和绿色贸易 …… 146
第五节 完善国际投资协定环境条款 …… 149
小结 …… 151

第八章 结论与展望 …… 153
第一节 主要结论 …… 153
第二节 研究展望 …… 155

参考文献 …… 157

第一章

绪 论

第一节
研究背景和意义

一、研究背景

国际直接投资（foreign direct investment，FDI）是全球化浪潮中最具活力的现象之一。20世纪80年代，以资本为纽带的国与国之间的相互依赖大大增强。FDI成为全球经济增长的引擎，增速远远超过全球贸易和全球产出，如图1-1所示。1980~1989年，新加坡、巴西、墨西哥、中国等十个发展中国家（不含避税天堂）平均每年流入的FDI达到160亿美元[①]。根据《2019年世界投资报告》显示，发展中国家成为吸引FDI的一个主流力量，承接的直接投资规模超过7000亿元，全球占比已超过50%。以中国为代表的亚洲地区，更是成为承接FDI的主导力量[②]。在对外投资方面，中国持续保持领先地位。2019年中国对外投资流量超过1300亿美元，占全球比重超过10%；截至2019年，存量突破2万亿美元，达2.2万亿美元，占全球比重为6.4%[③]。

在资本流动日益全球化的背景下，FDI与环境方面的问题成为广泛热议的话题。一方面，各国具有不同的环境比较优势，每个国家都根据本国的偏好和资源约束情况制定其法规。低收入、有能力容忍污染或资源富集的国家制定较

---

① World Investment Report 1991. https：//worldinvestmentreport.unctad.org/wir1991/.
② World investment report 2019. https：//unctad.org/webflyer/world - investment - report - 2019.
③ 《2019年度中国对外直接投资统计公报》。https：//www.sohu.com/a/421816285_100169004.

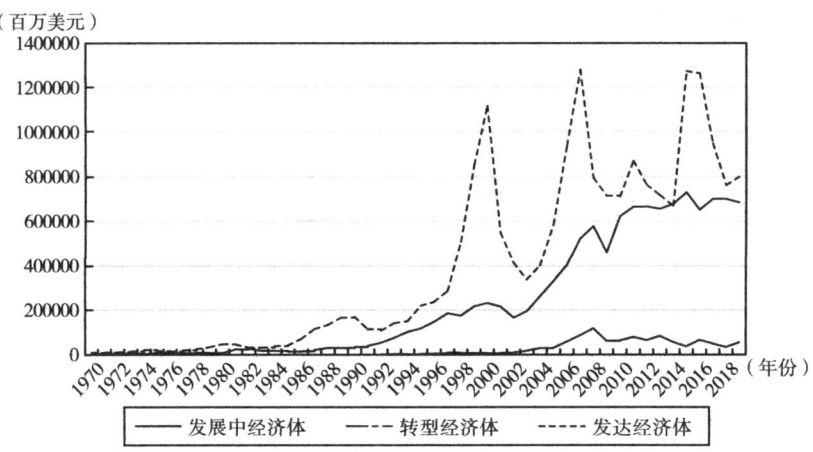

图 1-1 全球 FDI 流动情况

资料来源：根据 UNCTAD 数据整理绘制①。

低的环境标准，吸引污染严重和寻求资源的外国直接投资。由于 FDI 的增长促进作用显著，与 FDI 相关的环境排放很容易被忽视（Pao & Tsai, 2011）。另一方面，国际直接投资增加了对环境质量的需求，如果东道国对环境质量的需求随收入增长而增加，那么当人均收入水平跨越环境 EKC 曲线高点后，最终环境损害将下降。随着国际直接投资增加，它将有助于增加环境需求。跨国公司是实现国际资本流动的主要载体，由于企业的性质、生产方法、投入不同，其所引致的 FDI 对环境和更广泛的可持续发展议程有不同的影响。跨国公司比国内生产者使用更清洁的新技术，国际直接投资发挥了向东道国转移先进技术的作用（Sapkota & Bastola, 2017；Demena & Van Bergeijk, 2019），提升了当地利用资源的效率，带动了东道国产业升级，进而影响了当地的环境排放水平（Mabey & McNally, 1999）。随着对国际直接投资潜在环境成本认识的不断深化，大多数国家选择性的承接国际直接投资。许多国家现在正在推动绿色 FDI，即可促进经济

---

① 发达经济体：经合组织成员（智利、墨西哥、韩国和土耳其除外），加上不属于经合组织成员的欧洲联盟新成员（保加利亚、塞浦路斯、拉脱维亚、立陶宛、马耳他、罗马尼亚），外加安道尔、百慕大、列支敦士登、摩纳哥和圣马力诺。转型期经济体：东南欧国家、独立国家联合体和格鲁吉亚。发展中经济体：泛指所有不在以上之列的经济体。发展中经济体不包括加勒比海的离岸金融中心：安圭拉、安提瓜和巴布达、阿鲁巴、巴哈马、巴巴多斯、英属维尔京群岛、开曼群岛、库拉索岛、多米尼加、格林纳达、蒙特塞拉特、圣基茨和尼维斯、圣卢西亚、圣文森特和格林纳丁斯、圣马丁岛（荷兰）和特克斯和凯科斯群岛。

增长并使与工业生产有关的不利环境外部性内在化的国际直接投资①。

实现可持续发展目标是当今世界经济发展面临的主要挑战，是各国共同支持的发展方向。联合国认为实现环境友好是各国都需要付出更多努力、推动解决的长远议题，是国与国之间共同的历史责任。面向长远未来，各国都应该关注环保问题和发展问题，在确保实现可持续发展的基础上，谋划合作的重点领域。因此，国际层面提出的千年发展目标是要求实现可持续的发展。未来，各国的合作都需要服务于可持续的、绿色的发展。面向2030年，各国都要围绕这个目标形成合力，确定推动绿色发展的途径。

"一带一路"沿线64国（地区），无论是人口规模、国土面积，还是GDP、贸易和投资规模在全球都具有举足轻重的作用②。投资是"一带一路"的重要支柱之一，截至2019年年底，中国对64国（地区）的投资达1000亿美元，涉及的工程规模超过7000亿美元，64国（地区）对中国的投资也接近500亿美元③。中国对"一带一路"的投资潜力巨大，据摩根士丹利发布研究显示，2018~2027年中国对沿线国家投资的年复合增长率将达13%，总计达到1.2万亿美元④。

表1-1　　　　　　"一带一路"沿线国家（地区）分布

区域	国家（地区）
东北亚（2国）	蒙古国、俄罗斯
东南亚（11国）	新加坡、印度尼西亚、马来西亚、泰国、越南、菲律宾、柬埔寨、缅甸、老挝、文莱、东帝汶
南亚（7国）	印度、巴基斯坦、斯里兰卡、孟加拉国、尼泊尔、马尔代夫、不丹
西亚北非（20国地区）	阿联酋、科威特、土耳其、卡塔尔、阿曼、黎巴嫩、沙特阿拉伯、巴林、以色列、也门、埃及、伊朗、约旦、叙利亚、伊拉克、阿富汗、巴勒斯坦、阿塞拜疆、格鲁吉亚、亚美尼亚

---

① Golub S S, Kauffmann C, Yeres P. Defining And Measuring Green FDI: An Exploratory Review of Existing Work And Evidence. OECD Working Papers on International Investment. 2011. DOI: 10.1787/5kg58j1cvcvk-en. https://works.swarthmore.edu/fac-economics/434.

② 2018年，64国（地区）面积为4206万平方千米，全球占比达31.85%；人口总计35.41亿，占全球比重44.97%，如果将中国也计算在内，占比将超过62%；GDP 13.81万亿美元，占全球的16.07%，将中国纳入后，占比超过30%。2019年，64个国家（地区）货物贸易额和对外直接投资流量分别占到全球的23.77%和6.1%。

③ 中国企业对"一带一路"沿线国家投资累计超1000亿美元．新华网，2019-09-29. https://baijiahao.baidu.com/s?id=1646002733632323146&wfr=spider&for=pc.

④ Morgan Stanley. China's Transition to High Income: Delving into the Belt and Road Initiative. 2017-10-19. https://writingofinvestingnoob.com/wp-content/uploads/2019/02/OBOR-China-high-income-_1-MS.pdf.

续表

区域	国家（地区）
中东欧（19国）	波兰、阿尔巴尼亚、爱沙尼亚、立陶宛、斯洛文尼亚、保加利亚、捷克、匈牙利、北马其顿、塞尔维亚、罗马尼亚、斯洛伐克、克罗地亚、拉脱维亚、波黑、黑山、乌克兰、白俄罗斯、摩尔多瓦
中亚（5国）	哈萨克斯坦、吉尔吉斯斯坦、土库曼斯坦、塔吉克斯坦、乌兹别克斯坦

注：根据中国"一带一路"网有关资料整理。

"一带一路"沿线生态环境总体质量不高，环境承载力相对较弱，沙漠化和荒漠化问题严重；资源消耗和污染物排放呈现快速增长的态势，如化石能源消耗量占全球的近50%[①]，单位GDP的碳排放量几乎为世界平均值的1.5倍，1/3的国家（地区）$PM_{2.5}$值不达标[②]。面对环境问题，"一带一路"沿线国家（地区）推动绿色发展、保护环境的步伐在不断地加快，如哈萨克斯坦2013年明确提出总体性文件，确定发展绿色的经济体系，2016年通过向绿色经济发展相关的法律草案；俄罗斯提出《实现绿色经济原则宣言》，推动绿色能源发展、应对气候变化等；印度尼西亚2020～2024年国家中期发展计划（RPJMN）将气候变化纳入更广泛的低碳发展（LCDI）战略。

随着新发展理念的提出，绿色发展已经成为中国推动高水平对外开放的重要指引。国家主席习近平在多个场合[③]提出"一带一路"国家要合作发展绿色的、可持续的联盟，促进投资绿色化。中国有关部委聚焦"一带一路"绿色发展，也先后出台了促进绿色发展的愿景和行动、指导性意见[④]、环保合作规划等多份文件。中国国内正在努力实现绿色、低碳发展，在"一带一路"倡议实施中，也将努力实现绿色、低碳发展，引导企业遵守东道国环境规制，降低排放水平，走可持续发展之路。

---

① 《世界能源统计年鉴2018》。
② 杜莉，马遥遥．"一带一路"沿线国家的绿色发展及其绩效评估[J]．吉林大学社会科学学报，2019，59（05）：135-149．
③ 习近平：携手共创丝绸之路新辉煌——在乌兹别克斯坦最高会议立法院的演讲．人民日报，2016年6月23日．http：//cpc．people．com．cn/n1/2016/0623/c64094-28470783．html．
习近平在"一带一路"国际合作高峰论坛开幕式上的演讲．新华网，2017-05-14．http：//www．xinhuanet．com/2017-05/14/c_1120969677．htm．
习近平在第二届"一带一路"国际合作高峰论坛开幕式上的主旨演讲．新华网，2019-04-26．https：//baijiahao．baidu．com/s？id=1631842768587121252&wfr=spider&for=pc．
④ 四部门联合发布《关于推进绿色"一带一路"建设的指导意见》．国家发展改革委网站，2017-05-27．

二、选题意义

在理论层面，国际直接投资与环境之间的学术研究取得了丰硕的成果。一方面，东道国自身的环境规制水平可能对国际化公司的投资选址产生影响。如果东道国环境规制不那么严格，国际化的公司可能会增加当地的投资。另一方面，国际直接投资对东道国环境的影响可能是积极的，也可能是消极的。一般认为对发展中国家的投资有利于减少当地排放。来自技术先进国家的国际直接投资可能带来新的技术和较清洁的生产方法，取代效率较低的当地公司，或者当地公司所使用的技术因跨国公司的存在而改变。随着绿色发展的理念在全球范围内深入人心，需要将绿色发展的理念与投资和环境之间的现有研究相结合，进一步完善国际直接投资、环境影响与绿色发展的相关分析框架。本书将围绕东道国自身的环境规制对投资选择的影响、国际直接投资对东道国环境产生的影响、促进国际直接投资绿色发展等问题进行深入研究，分析其中的影响机理，形成相关的研究分析框架。

在现实层面，世界经济全球化的一个主要特征是全球 FDI 流动的自由化和扩大化，各国学者和政策制定者都必须思考，现实中如此显著的经济变化对环境造成的影响。"一带一路"倡议得到世界的广泛支持，但也有一些国家别有用心歪曲事实，如美国国务院 2020 年 12 月发布《中国破坏环境》事实清单，炒作所谓"一带一路"破坏环境。因此，中国对"一带一路"投资的环境影响成为需要研究的现实问题，如何推动中国对外直接投资绿色发展成为关注的重点。本书以中国与"一带一路"沿线国家（地区）为研究背景，基于中国对沿线直接投资、碳排放等数据开展实证分析，讨论东道国环境规制对中国企业投资选址的影响，定量研究中国对外直接投资对"一带一路"沿线的环境效应以及不同国家的差异性，提出推动"一带一路"投资绿色发展的政策措施，为建设绿色"一带一路"、加快实现"碳达峰"和"碳中和"提供研究支撑。

第二节

研究思路和内容

本书关注中国直接投资与"一带一路"沿线国家（地区）环境影响和绿

色发展这一核心问题，围绕绿色"一带一路"建设和投资的绿色发展，梳理归纳国内外相关研究成果，搭建国际直接投资与绿色发展分析框架，通过实证研究和政策研究，讨论东道国环境规制对中国企业投资选址的影响、中国投资对沿线国家（地区）的环境效应、共同促进绿色投资发展等重要问题。本书综合分析了中国对沿线 64 国家（地区）直接投资（China Direct Investment，CDI）的特征，运用复杂网络方法，讨论中国与各国（地区）投资网络的发展变化。整理中国企业对沿线国家（地区）投资的区位数据，基于纳入空间因素的离散选择模型（Logit 模型），实证检验东道国环境规制对中国企业投资选址的影响。基于改进的规模、结构、技术效应模型和固定效应方法，实证分析 CDI 对东道国碳排放的影响。从加强企业投资项目环评和战略环评、建设绿色工业园区、加强对绿色投资项目开展绿色金融支持等方面，研究促进"一带一路"绿色投资发展的可行措施和路径。

全书的研究内容共八章，可分为五大部分：第一部分（由第 1 章和第 2 章构成）为理论基础部分，包括绪论及文献综述。第二部分（由第 3 章和第 4 章构成）为研究准备部分，构建分析框架，分析国际直接投资与绿色发展的内在联系，提出重点研究问题和研究假设。总结分析中国对"一带一路"直接投资（CDI）的现状，研究复杂投资网络，为实证研究做好准备。第三部分（由第 5 章和第 6 章构成）为实证研究部分，分别从东道国环境规制对中国企业投资区位选择的影响、中国对"一带一路"直接投资（CDI）的环境效应两方面开展实证分析，检验结果的稳健性、内生性和异质性。第四部分（由第 7 章构成）为政策研究部分，从多个方面研究促进区域绿色投资发展的措施和路径。第五部分（由第 8 章构成）为结论和启示，总结研究成果，提出进一步研究方向。各章具体内容如下：

第一章是绪论。本章主要介绍研究选题的时代背景以及开展此项研究的重要意义，包括国际直接投资与环境的关系日益成为研究焦点、"一带一路"倡议对绿色发展的要求、发展绿色投资等，提出整体思路和各部分具体内容，明确研究方法和各领域主要创新点。

第二章是文献综述。本章对国际直接投资、经济增长、环境排放等相关理论研究和实证分析结果进行梳理。讨论国际直接投资的动机和区位选择。总结东道国区位因素对国际直接投资区位选址影响的研究方法，从国家层面和企业层面进行对比分析，探讨空间计量方法应用情况，梳理东道国环境规制对投资区位选择影响的研究成果。针对国际直接投资可能带来的污染避难所效应和污染光环效应等环境影响,归纳总结现有研究结果。分析总结上述研究存在的不足。

第三章是国际直接投资与绿色发展的研究分析框架。本章讨论绿色发展的内涵和实现路径,根据国际直接投资与绿色发展的内在联系,构建分析框架,主要包括梳理东道国环境规制对跨国公司投资选址的影响,国际直接投资对东道国环境影响的传导机制,促进国际直接投资绿色发展的措施等内容。

第四章是"一带一路"沿线国家(地区)投资现状分析。本章对沿线64国(地区)吸引国际投资的存量、流量等情况进行综合分析。重点研究中国对沿线投资(CDI)的区域分布、产业构成等。应用复杂网络方法,研究中国与64国(地区)构成的复杂投资网络及其发展变化。

第五章是东道国环境规制对中国企业投资选择的影响分析。本章整理中国企业对"一带一路"投资的区位选择数据,构建纳入空间因素的离散选择模型(Logit模型),实证检验"一带一路"东道国环境规制对中国企业投资选址的影响。针对绿地投资、跨国并购、工程项目等不同类型以及不同行业的中国企业投资,分别比较东道国环境规制对投资区位选择的差异性影响。

第六章是中国对"一带一路"沿线国家直接投资的环境效应分析。本章基于改进的规模、结构、技术效应模型,采用面板数据和固定效应方法,分析区域各国吸引国际直接投资与当地碳排放之间的关系。实证检验中国对"一带一路"直接投资(CDI)以及除CDI外的国际直接投资是否加重当地碳排放,对结果进行稳健性检验和内生性检验。根据"一带一路"东道国的区域属性和发展水平差异,通过异质性分析得到相应结论。

第七章是促进"一带一路"绿色投资政策建议。本章包括加强企业投资项目的环境影响评估、积极开展"一带一路"倡议环评、企业主动承担环境社会责任、加强各国间绿色发展和环保规划政策标准有效衔接、建设"一带一路"绿色工业园区、扩展绿色金融为投资项目提供支撑、完善中国与东道国投资贸易协定中的环境条款、引导绿色供应链和绿色投资发展等内容。

第八章是结论与展望。本章对前文研究的模型方法和不同领域的定量分析和定性结论等进行了整理和归纳,总结提炼核心观点,根据结论提出有针对性的政策建议,并展望了下一步研究的可行方向。

基于以上思路,本书具体的研究路线图如图1-2所示。

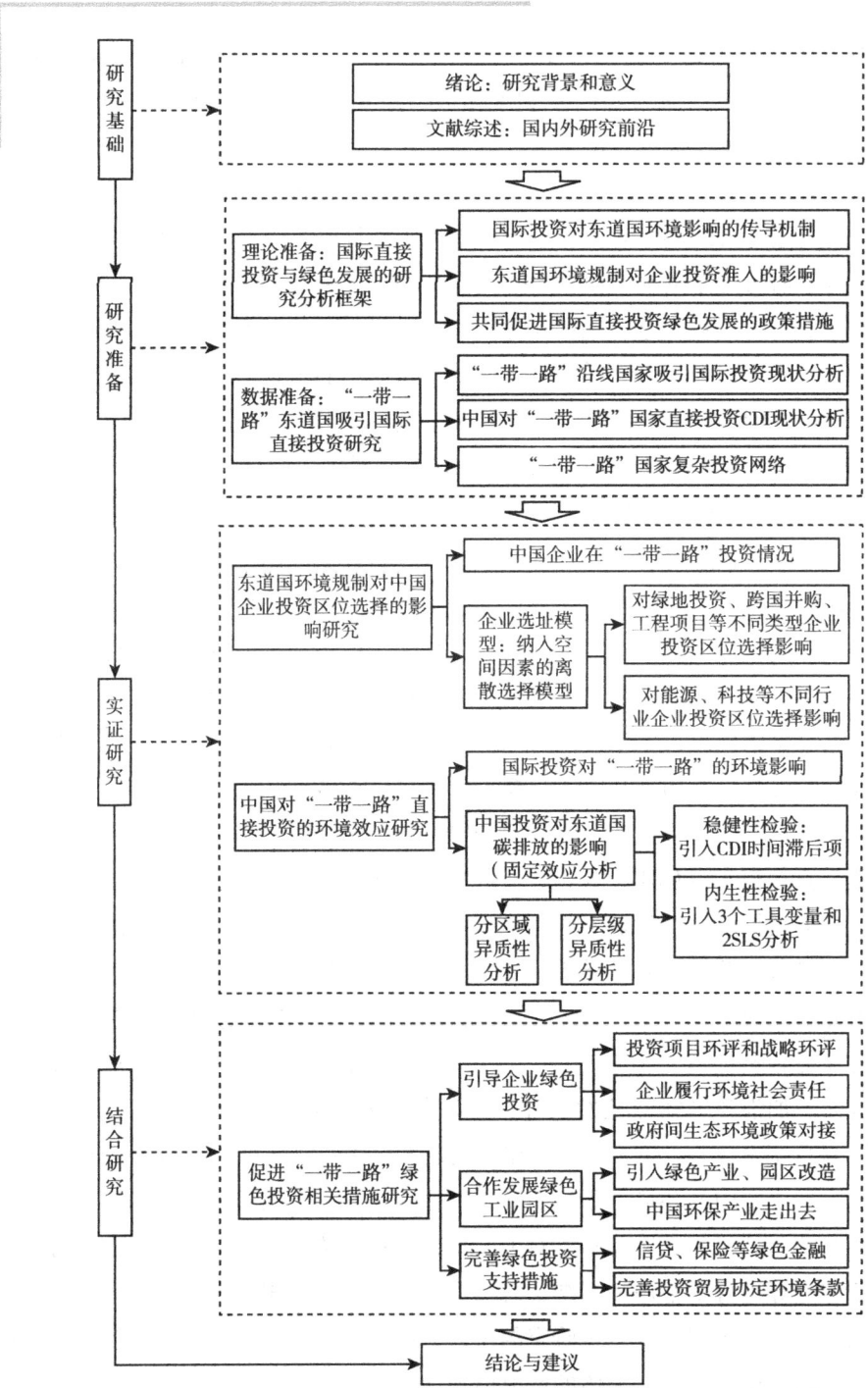

图1-2 本书研究路线图

第三节

研究方法和创新点

本书综合运用理论框架分析、实证分析和政策建议研究等方法，定量分析与定性研究相结合，以"一带一路"为背景，分析研究国际直接投资、环境排放与绿色发展相关重点问题，主要应用了以下方法：

1. 文献分析方法。对现有的国际投资、环境排放与绿色发展的研究问题、研究方法、研究成果等进行检索阅读并归纳整理，把握国内外前沿理论和实证研究成果。在此基础上，通过归纳演绎，探索构建国际投资与绿色发展的分析框架，为基于"一带一路"的研究做好准备。

2. 数理统计方法。分析"一带一路"64国（地区）吸引国际直接投资以及中国对沿线直接投资的发展现状，比较分区域、分领域差异。将复杂网络理论运用到投资研究中，深化对区域投资网络演进规律的认识。对"一带一路"64国（地区）碳排放等进行归纳研究。

3. 实证分析方法。针对东道国环境规制对企业投资选址的影响，从以离散选择模型（Logit模型）为代表的企业选址模型入手，纳入空间因素完善实证分析方法。针对国际投资对东道国环境影响问题，构建面板数据和固定效应模型方法，综合运用工具变量、2SLS等方法检验结果的稳健性和内生性，引入交叉项方法解决东道国差异性问题。

4. 综合分析方法。针对积极扩展中国对"一带一路"国家投资和东道国环境规制对中国投资的影响，采用定性分析方法，通过政策和案例研究，分领域提出开展企业投资项目环评、建设"一带一路"绿色工业园区、支持东道国环保产业和环境基础设施建设、发展绿色金融等措施，综合形成系统性的促进"一带一路"绿色投资相关措施。

本研究的主要创新之处有以下三个方面：

第一，在研究视角方面，探索构建了国际直接投资与绿色发展的理论分析框架。从流量、存量、复杂投资网络、企业项目选址等多角度分析中国对"一带一路"投资。研究提出中国与"一带一路"64国（地区）形成的复杂投资网络，分析了该网络的特点和发展趋势。从多个方面研究提出发展"一带一路"绿色投资的措施。

第二，在研究方法方面，注重综合运用离散选择（Logit）、空间计量、固定效应（FE）2SLS等多种模型方法。构建纳入空间因素的企业选址模型，比较选择合理的模型结构，在企业层面完善了东道国环境规制对投资选址影响的实证方法。构建了改进的国际直接投资对环境影响模型，在传统的规模、结构以及技术效应模型基础上，将CDI与除CDI以外国际直接投资均纳入模型，更加精准检验CDI的环境效应，讨论污染避难所或者污染光环效应是否成立。

第三，在研究结果方面，注重对结果的稳健性、内生性和异质性检验。通过变换空间权重矩阵、引入时间滞后项、工具变量等方法，加强对实证结果的稳健性和内生性检验。区分绿地投资、跨国并购、工程项目等不同类型以及能源、科技等不同行业的中国企业投资，分别比较东道国环境规制对企业投资选址的差异性影响。通过交叉项分析，分区域、分层级讨论"一带一路"不同东道国吸引中国投资后碳减排效应的差异性。

第二章

文献综述

本章主要关注国际直接投资与环境之间的相互影响,梳理了与之密切相关的几类文献。关于东道国环境规制对投资选址的影响问题,在实证方法上从宏观层面、企业层面两个研究路线进行了梳理,总结了空间计量方法应用情况,就东道国环境规制对投资选址的实证研究进行了归纳总结。关于国际直接投资可能带来的环境效应,归纳总结了现有的传导机制和实证分析结果。本章对上述研究进展进行总结和评述,提出需要深化的研究方向。

第一节 国际直接投资、经济增长与环境排放

一、经济全球化与国际直接投资

世界经济全球化的一个主要特征是全球投资流动的自由化和扩大化。自20世纪八九十年代起,来自美日欧等发达经济体的国际化公司不断发展,实施对外直接投资扩张战略。跨国公司的对外投资行为正在使世界工厂成为可能(Buckley,2009)。

(一)国际直接投资动机

学者对国际直接投资动机这一问题的探讨不断深入。国际直接投资动机[①]的分析研究方法大致可以分为两类:一类是宏观方法,试图从国际经济和贸易

[①] 江小涓,杜玲. 对外投资理论及其对中国的借鉴意义. 经济研究参考,2002 (73):32-44.

的角度进行阐释；另一类是中观、微观方法，主要是基于企业和产业组织理论（Kojima & Ozawa, 1984）。

海默[①]关注美国跨国公司在全球广泛分布的原因，尝试回答企业为什么要"走出去"，跨国公司相对于东道国的本土公司而言要承担初始成本，他们为什么能够在海外市场生存下来，以及他们为什么要保留所有权？海默的研究表明跨国公司基于非市场竞争条件下获得的技术、管理等垄断优势而开展对外投资（Hymer, 1979）。

弗农基于产品生命周期（Product Cycle Theory）的对外投资理论[②]指出，在产品创新、成熟、标准化各阶段，企业对外投资的动机和选址不同。弗农对美国20世纪20年代的对外投资情况进行了分析，当产品处于第一阶段时（初创期），企业在研发方面需要投入大量资金，生产成本相对较高，并且面对的主要消费群体一般为愿意为初创期产品支付较高价格的高收入阶层。因此，企业在这个阶段主要选择在国内生产，同时这一阶段的产品出口也主要为满足与国内消费群体收入水平相近的其他发达经济体的消费者；在产品成熟阶段，价格在产品竞争中的作用不断增强，如果企业生产的边际成本、运输成本再加上进出口涉及的其他综合成本高于预期，那么企业就会选择到其他国家投资，同时可以进入当地产品市场；在产品标准化阶段，在欠发达国家生产的比较优势更加凸显，这些地区成为跨国公司对外投资的首选区域。

邓宁提出的国际生产折衷理论（Eclectic Paradigm of International Production）[③]构建了一个全面的分析框架，以识别和评估影响企业海外生产及其增长的显著要素。他首次提出OLI（Ownership – Locational – Internalisation）模式，即跨国公司从事国外生产的范围、地理和产业构成是由三组相互依赖的变量共同决定的：所有权独特优势（ownership specific advantage）是指企业有可能从事国外生产并带来收入的资产，这种资产会因企业的特征，所生产的产品以及他们经营的目标市场的不同而有差异；区位吸引力（locational attractions）

---

① Hymer, S. H. The international operations of national firms: A study of foreign direct investment. Cambridge, MA: MIT Press. 1960.

② Raymond Vernon. International investment and international trade in the product cycle, Quarterly Journal of Economics Volume, 1966, 80 (2): 190 – 207.

③ Dunning J H. The determinants of international production [J]. Oxford Economic Papers, 1973, 25 (3): 289.

是指，如果母国生产的中间产品可以转移，并与在其他国家利用当地要素禀赋生产的中间产品结合在一起时利润最大，那么企业就会选择在海外生产；内部化（Internalization）取决于转让所有权特定优势是否符合企业内部的最大利益。邓宁认为在给定时间内，与国外竞争对手相比，某一企业所拥有的所有权优势越多，内部化越符合自身利益；如果他们发现在海外市场的收益更大，他们更倾向于参与国际生产。邓宁（1998）结合20世纪八九十年代世界经济发展的主要变化，包括知识经济的成熟，国际经济金融活动的深度融合，跨境市场的自由化以及世界主要货币的流通，世界经济舞台上新的参与者崛起，以及联盟资本主义等，进一步完善了该理论。

国际生产内部化理论（Internalization Theory）经由 Buckley、Casson[1] 和 Rugman[2] 等进行深入研究并不断发展，该理论提出，由于知识或中间产品外生市场具有不完全性的特点，外部市场难以有效支撑企业的发展，如果将中间产品（特别是知识产品）在企业内部转让，可以获得相对更高的收益。企业进行对外直接投资的主要目的是将外部交易内部化，增强经济控制能力，从而降低风险提高利润水平。当内部化过程可以在国与国之间实现，那么企业就可能成为跨国企业[3]。Buckley 以及 Casson 还提出了企业开展内部化决策需要综合考虑的一些重要因素，比如从产业来看，需要考虑产品自身的特点以及企业外部市场的具体结构；从区域来看，需要考虑整个地区的自然地理条件和人文社会特点；从国家来看，需要考虑国与国之间的关系，包括政治、经济等各领域的关系；从企业来看，主要是企业自身的能力，特别是管理内部市场的能力。

Kojima[4] 研究日本发展为区域大国过程中对外投资的情况，提出边际产业扩张理论。该理论认为外国直接投资使一国具有比较优势的投资得到更好发展，是贸易的催化剂，也有助于改善国际经济配置。Kojima 认为市场导向、劳

---

[1] Buckley P J, Casson M. The economic theory of the multinational enterprise [M]. Springer, 1985.

[2] Rugman A M. Motives for foreign investment: The market imperfections and risk diversification hypotheses [J]. Journal of World Trade, 1975, 9 (5).

[3] Rugman, A. M. Inside the multinationals: the economics of internal markets. New York: Columbia University Press. 1981.

[4] Kojima K. Direct Foreign Investment: A Japanese Model of Multinational Business Operations. London: Croom Helm. 1978.

动力导向和资源导向是对外投资的三种动机;他强调在选择对外投资产业时,要发挥比较优势,这有助于提高母国的生产力。

20世纪80年代国际化不断兴起,发展中国家吸引国际投资大幅增加,占全球投资的比重从80年代初的4%,增长到2020年的72%[①]。一些学者基于发展中国家的特点及其国情,尝试寻求解释发展中国家投资快速增长的原因。威尔斯[②]指出,发展中国家对外投资旨在跨过其他国家设置的贸易门槛,使部分出口市场得到有效保护。发展中国家跨国公司的竞争优势体现在三个方面:一是企业相对较小规模的、劳动力密集的生产技术,可以为相对较小的市场需求提供服务;二是由于文化相似,发展中国家跨国公司对这些地区的投资,能够更好地满足这类海外市场的消费需求;三是通过物美价廉的商品抢占市场份额。企业的技术积累也被认为是其对外投资的内在动力。随着企业技术的不断积累,对外直接投资的产业选择也将从最初的资源型导向转向更复杂的制造业。

新经济地理为国际直接投资提出了新的解释。Krugman(1991)分析表明,制造业企业到需求较为旺盛的地区投资选址,可以实现一定程度上的规模经济目标,并有效减少运输成本。张慧(2014)认为新经济地理学提出的中心—外围模型,对于FDI的区位选择等跨区域资本要素流动问题具有解释能力。跨国企业在全球寻求市场,进行资源调整和重新配置,是寻求更大范围的规模效应。

(二)国际直接投资的区位选择

区位选择问题向下关联企业微观决策,向上关联国家宏观政策导向,是具有承上启下作用的重要环节(李金珊,2012)。可以从宏观、中观、微观三个层次来观察国际直接投资。宏观层面主要为政府战略层面的引导,如马骏驰(2015)分析了德国对东欧四个国家的投资,德国将这四国视为其制造和组装基地;中观层面是产业选址,学者对煤炭(刘艳,2014)、医药(付圆圆,2018)、农业(操龙升,2017;黄爽,2018;杨兴锐,2019)等产业国际直接投资进行了研究;微观层面则为企业具体的投资选址行为。大量企业微观投资

---

① UNCTAD. World Investment Report2020: International Product Beyond Pandemic.
② Wells L T. Third World Multinationals. Cambridge, MA: MIT Press, 1983.

选址行为涌现到中观层面,即东道国的区位优势问题,是应用研究的重点方向。

部分学者从供给和需求角度研究国际直接投资。供给导向的区位理论认为,假设市场规模和分布一定,每个企业都是价格接受者,为了实现利润最大化而选择更有利于降低生产成本的区位。需求导向的区位理论不关注国家之间的分工,而关注企业生产、研发和管理的供给以及需求变量。假定生产成本独立于区位,那么企业的区位将由市场和竞争对手的区位而决定(Dunning, 1973)。有学者将这两种区位选择的驱动力称为垂直动机(vertical motivations)和水平动机(horizontal motivations),前者倾向于为降低生产成本而进行产业链上下游的跨境布局,后者强调为扩大市场份额,而积极向其他国家投资(Carr et al., 2001; Bergstrand & Egger, 2007)。这两种策略本质上都是企业基于对预期收益的判断,追求利润最大化的选择,可能同时存在。

还有一类研究是针对 FDI 在不同国家之间的选择(喻世友等 2004)以及在某一国国内的区位选择(Shaver & Flyer, 2000)。关于国际直接投资在不同国家的区位选择问题。Dunning 强调,不同国家的区位以及由此产生的优势是影响跨国公司开展对外直接投资的重要因素。Dunning(1998)比较了 20 世纪 70 年代以及 90 年代不同类型的 FDI 影响因素。以资源寻求型 FDI 为例,70 年代,这类 FDI 的影响因素主要有质优价廉的当地资源,用于开发资源和出口相关产品的基础设施,政府对外国直接投资资本和股息减免的规定,投资激励等;到了 90 年代,除上述因素外,资源及其产品的加工和储运,与当地合作企业共同开发知识和资本密集资源,也对资源导向型 FDI 具有影响。随着跨国公司可跨境移动资产的增多,一些区位因素相应调整。比如,对于市场导向型的 FDI,需要更大的不断成长的市场,易于获得技能型劳动力,更高质量的基础设施,制度的兼容性等等。对于效率导向型的 FDI,需要政府在破除投资障碍方面发挥更大作用。有学者认为由于东道国国内不同区域之间工资水平、技术水平、基础设施等的差异,对这类选址的研究更有意义(Chang & Park, 2005)。

二、经济增长与环境排放

经济增长对环境的影响一直存在争议。早期研究认为,随着国民收入水平的提高，环境退化将加剧（Georgescu-Roegen，1986），或者较高的收入水平可减少环境退化（Beckerman，1992），因此国民收入水平与环境质量的关系是单向的。1992年世界银行在世界发展报告中指出，只有在静态假设下，即技术水平、排污强度和环境投入一定的情况下，较强的经济活动才可能引起环境的恶化，而随着国民收入的不断增加，对改善环境质量的期望将提高，可用于投资的各类资源也会增加。

Grossman和Krueger（1991）提出环境库兹涅茨曲线（Environmental Kuznets Curve，EKC）假设，研究指出人均国民收入水平与环境质量之间存在倒U型关系。在国家经济发展前期阶段，环境污染随经济增长而逐步增加，但当人均国民收入水平超过某一转折点后，环境质量将随着人均国民收入的增长而改善。环境库兹涅茨曲线（EKC）是对Kuznets所提出的人均国民收入水平与分配公平程度之间关系[①]的一种应用。

对环境库兹涅茨曲线（EKC）假设提出的倒U型曲线的解释主要有两种，一种认为是收入效应，即环境属于奢侈品。在一国经济发展的早期，公众不愿意以消费换取环境保护方面的投资，环境质量下降。一旦达到一定的消费水平（或收入水平），他们就开始要求在改善环境方面增加投资。因此，在收入转折点之后，环境质量指标开始显示污染减少、环境退化的趋势放缓。另一种解释是经济增长阶段论，认为这是一国从以农业为主的经济结构过渡到以工业为主的后工业服务体系所经历的阶段，或者说经历从污染技术转向高科技的转变（Andreoni & Levinson，2001）。总体来看，较高的发展水平，经济结构向信息聚集的工业和服务的转变，以及公民环保期望的增强，政府部门对环境的介入更深，环境投入力度加大，以及技术升级都将使环境趋于稳定，环境进一步恶化的态势得到有效控制（Panayotou，1993）。

基于环境库兹涅茨曲线（EKC）假设，不少学者通过实证分析的方法深入探讨了经济增长与环境污染之间的关系（Shafik & Bandyopadyay，1992；Selden & Song，1994；Panayotou，1997；Galeotti & Lanza，2005）。彭水军等（2006）将工业废水、工业粉尘等6种污染物作为重点观测指标，对中国各省的经济增长与环境排放的关系进行了实证分析。不同排放指标与人均GDP存

[①] Kuznets S. Economic growth and income inequality. The American economic review，1955，45（1）：1-28.

在反 U 型曲线关系，但不同污染物的 EKC 具有各不相同的拐点。Menyah 和 Wolde-Rufael（2010）研究表明，20 世纪 60 年代到 21 世纪初南非经济增长与主要污染物排放、能耗间存在显著正相关。EKC 拐点出现的时间和位置也是学者研究的重点之一（Selden & Song, 1994; Grossman & Krueger, 1995; Coursey & Hartwell, 2000），拐点出现时的人均收入存在较大差异，从 5000~10000 美元不等。此外，也有学者探讨 EKC 的环境政策意义，即通过经济增长来摆脱环境污染。诺贝尔经济学得主 Arrow 等（1995）不认同 EKC 的环境政策意义，因为无法简单的将个别环境污染物与人均收入之间的关系外推到其他污染物。此外，一国的地理环境资源并不一定能支持经济的持续增长。

第二节 东道国环境规制对投资区位选择的影响

一、国际直接投资区位选择影响因素分析方法

（一）宏观层面方法

在实证研究中，基于面板数据应用拓展的引力模型开展分析是较常用的方法，从国家层面入手分析一国直接投资区位影响因素，是实证研究的主流方法。目前对中国对外直接投资国别选择的实证研究主要应用引力模型。Poyhonen（1963）提出引力模型，并对两国间贸易进行分析，指出两国之间的贸易规模与各自的国内生产总值等经济规模呈现正向的相关性，与两国之间的地理空间距离呈现负向相关。近年来，一些学者也应用引力模型探讨制造业服务化、劳工标准等因素对贸易规模的影响（肖挺，2018；唐锋、谭晶荣，2014）。引力模型在国际投资领域研究中也有较多的应用（Baier et al., 2019; Bruno et al., 2017），近年来学者不断丰富模型，引入政治制度、经济制度、文化同源性等变量（Shun-Chiao Chang, 2014；邱玉娜、由林青，2018；Alena Dorakh, 2020）。

不同因素对投资选址的影响情况。由于不同学者采用的模型结构和数据时间周期不同，研究结论也存在一定差异（葛璐澜，2020）。蒋冠宏和蒋殿春（2012）基于投资引力模型分析了中国投资的选址偏好，研究发现距离与中国

投资具有负相关性，东道国的制度相关因素对资源导向型投资影响显著。按照东道国经济发展水平细分研究发现，进入发展中国家的投资主要是市场和资源导向型，而进入发达国家的投资主要是战略资产导向型。王胜（2013）应用考虑固定效应的引力模型，实证检验了中国对外直接投资的影响因素，结果显示政府治理水平相对较高，经济规模较大，以及对外开放程度较高的国家更易吸引来自中国的投资。秦笑（2018）基于引力模型分析，指出地理空间距离因素会对中国的投资产生阻碍作用；东道国市场规模与中国对当地直接投资具有显著相关性，并且呈现促进作用；东道国的经济发展水平和金融能力也可以显著提升对中国直接投资的吸引能力。程衍生（2019）基于引力模型考察了中国对53个国家投资的影响因素。研究结果显示，投资存量、双边贸易额、东道国的创新水平等对中国投资的影响显著，具有正相关性。东道国GDP、地理距离、法治水平和政治稳定性等对中国投资具有负相关性。刘惠敏（2019）应用扩展的引力模型，研究了东道国对承接中国投资的影响因素，研究发现两国距离（包括地理距离和文化距离），东道国基础设施条件与中国对外直接投资之间呈现负相关性，而制度因素具有正相关性。戴冠（2019）构建了引力模型，对影响中国OFDI的东道国因素进行了研究，实证结果显示中国对样本国的投资在很大程度上受到东道国经济总量、两国间贸易量、技术条件、城市化率等的影响。

一些学者还就影响国际直接投资的东道国一些具体因素进行了分析。距离因素包括地理距离（秦笑，2018；周强，2018；杨丽君；2017）、语言距离、政治距离（邸玉娜，2018）等，是引力模型需要考虑的重点因素（Naughton，2007；Hall & Petroulas，2008）。杨丽君（2017）基于引力模型，使用2004~2014年中国对外直接投资的面板数据进行研究，实证结果显示东道国与中国的地理距离越远，对FDI的吸引越小。相比于经济因素，制度因素对FDI的影响更显著，其作用机理也更为复杂（Kang & Jiang，2012；王雪辰、李锦生，2019）。鞠晗（2019）利用扩展的引力模型，分析了东道国制度因素对中国投资区位选择的影响，实证结果显示政治制度距离、文化制度距离对我国的投资具有抑制作用，但经济制度距离则促进了中国的OFDI。此外，不同地区的制度距离对中国投资的影响具有异质性。东道国市场规模（Buckley，2007；王培志，2018；于晋伟，2018；李晓、杨弋，2019）是国际直接投资活动决策的一个重要条件，也是引力模型关注的因素之一。程惠芳和阮翔（2004）使用引力模型分析发现,投资国和承接投资的东道国之间的经济规模之和越大,中国对其投资规模越大。东道国基础设施(Root et al.,1979;潘素昆等,2020;Asiedu,2002;Luke Chan et al.,2014),如道路、机场、铁路、信息通信系统(Addison et al.,2003;Gholami et al.,2006),以及物流运输成本(Huyen,2015)是影响其承接投资的重要因素(Loree & Guisinger,1995;胡翠萍,2015;姜慧,2017)。投资便利化被认为是影响营商环境的重要因素。双边投资协定的签署意味着较好的营商环境,可以提升直接投资规模(贾玉成,2016;王吉霞,2018;左思明;2019)。张亚斌(2016)应用拓展引力模型实证分析了亚欧非50个样本国家对中国OFDI的影响,研究发现双边投资协定、投资便利化对中国OFDI具有显著正相关性,营商环境商对投资增长的拉动作用最大。

总的来看,在国家层面研究对外投资问题,大多数研究将一国FDI流入量作为被解释变量,考虑市场规模、基础设施、空间距离、体现营商环境的制度措施、环境规制等区位因素,结合引力模型等构建模型结构,开展实证分析,检验不同区位因素对东道国承接投资的影响。这种研究方式已成为国际直接投资影响因素分析的主要框架。尽管由于不同研究选取的模型结构和数据结构有所差别,但可以发现这种分析框架仍是分析国际直接投资选址影响因素的重要途径。不同研究结果对于分析统一的内在规律仍具有重要的参考价值。

(二) 微观层面方法

国际直接投资从微观层面来看,表现为企业投资选址行为。大量跨国公司的投资选址行为在国家层面表现为东道国FDI流入量。从微观层面企业选址行为入手,研究讨论东道国环境规制对企业海外投资布局选择的影响因素具有现实意义。

无论是企业在一国境内投资还是境外投资,对其投资行为的研究需要根据企业选址模型来完善。目前主流的企业选址模型分为两类:一类是将企业到东道国选址结果作为主要分析对象的离散选择模型。离散选择模型将企业选址视为企业效用最大化的结果(McFadden,1986),从微观层面分析企业选址行为,始终是主流的模型结构。Carlton(1983)首先应用离散选择模型用来分析新建企业选址问题,研究可能的影响因素。近年来,离散选择模型逐渐成为跨国投资布局研究的重要分析方法,被更多学者运用在外商直接投资、跨国公司以及本国新兴企业选址中。在跨国公司投资选址研究中，可以将东道国影响企业选址的当地因素纳入离散选择模型，作为模型的解释变量（李恒、周浩，2015）。在离散选择模型应用中，备选项的数量不能过多，否则可能会导致计算量过大，难以得到满意的计算结果。在国际直接投资选址中，现有研究多以东道国作为企业可能选择投资的备选项，数量一般在 50~150 个，符合离散选择模型要求。条件 Logit 模型是离散选择模型的基础形式，为解决各选项之间可能存在的层级结构问题，发展了嵌套 Logit 模型、混合 Logit 模型等（Head & Mayer，2003；Raymond，2011；Goerzen et al.，2013）。另一类是泊松回归模型。与以企业在某个空间单元内选址结果为研究对象的离散选择模型相比，泊松回归模型更适用于针对空间单元内企业选址数量统计的实证分析（List & McHone，2001）。泊松回归模型的被解释变量为企业在东道国空间单元投资行为的计数总和，实证检验影响区域承接企业投资次数总量的选址影响因素。泊松回归模型可以用来考察各个备选空间在产业转移中承接的新增企业数量，估计企业选址的策略（周浩、郑越，2015）。离散选择模型更关心的是企业具体选择哪一个备选项，而泊松回归模型关心的是每个备选项被企业选中的次数。当在空间单元的企业选址次数存在过多零的问题或者数据较为分散的问题时，可能带来泊松回归分析出现偏差，可进一步通过零膨胀泊松模型（Roberto，2004）或者负二项回归（Arauzo – Carod，2009）模型来分析。Guimaraes（2003）研究了离散选择模型和泊松回归模型之间的关系，认为利用两者之间存在似然函数等价关系，当两个模型的解释变量相同时，在离散选择模型中增加企业选址结果，相当于在泊松回归中增加空间单元企业选址数量的观测值，两者可以得到相同的模型参数估计。

从实证研究来看，离散选择模型和泊松回归模型均可以用来分析企业选址问题的影响因素。Keller 和 Levinson（1999）认为严格的环境规制措施将对化工企业的投资区位选择构成影响，但对其他行业企业不具有显著的影响。Becker 和 Henderson（2000）应用 Logit 模型建模讨论环境治理对企业空间布局选址的影响，结果表明在环境质量较差地区加大环境规制力度将使新企业的注册量减少。List 和 McHone（2001）研究认为美国《清洁空气法修正案》对污染企业的选址会产生显著的负面影响。Morgan 和 Condliffe（2009）发现环境规制对于烟粉尘排放企业选址具有显著影响，但对以一氧化碳和二氧化硫排放为主的企业选址影响并不明显。王芳芳和郝前进（2011）采用中国城市面板数据分析环境规制与各类企业选址结果的相关性，发现对外资企业，环境规制的强度作用较为显著，因此环境规制对当地吸引外商直接投资具有影响。Coughlin和Segev（2010）利用泊松回归模型估计企业选址问题，通过对1989~1994年外资企业在美国新设立工厂的数据进行分析，显示外资工厂多设立在经济规模较高、教育程度高、现有的制造基地和交通基础设施较发达的地方，同时税收水平较高和劳动密集程度高的地方新工厂数量较少。周浩等（2015）应用泊松模型分析中国城市制造业企业选址布局的结果，发现集聚经济对企业选址具有明显影响。林子欣（2019）采用泊松模型以及负二项回归模型，根据2005~2013年中国各城市面板数据讨论了国内工业转移中影响企业选址的主要因素。

近年来，应用离散选择模型和泊松回归模型研究跨国企业投资的尝试逐步增多。王方方（2012）采用多项式Logit模型，检验了广东企业对外直接投资的区位选址影响因素。生产率较低的东道国，表现在东道国的进入成本、固定投资的成本越高，对企业的对外直接投资吸收量越低，即东道国进入成本、固定投资的成本与吸引的广东企业对外直接投资量呈显著的负相关性。同时，东道国的关税水平对广东企业的对外直接投资布局选址呈现显著的正相关性，说明对外直接投资行为可以起到跨越贸易壁垒的作用。Rasciute（2014）使用一种混合Logit模型，分析外商直接投资选址的企业特征，Kazunobu（2014）同时使用嵌套Logit模型和混合Logit模型，研究了日本跨国企业对东亚发展中国家的投资选址行为。苏小莉（2017）通过中国制造业企业层面280个对外直接投资数据，使用Logit模型研究指出企业倾向于向市场规模大、准入成本低、政治环境稳定、与投资国文化同源的国家投资。东道国技术限制将导致中国企业对发展中国家投资的可能性下降。周经等（2015）以中国跨国企业在国外投资为样本，研究了制度距离等因素对企业投资选址的影响。陶攀（2014）根据2003~2007年641家企业的806项对外直接投资观测值，采用Logit模型分析得出东道国市场需求越低、生产成本越高所吸引的中国企业投资数量越少。秦泗霞（2019）使用Logit计量模型对中国上市企业海外投资交易数据进行分析，实证检验了企业异质性变量如何影响中国企业投资模式的选择。刘晓宁（2018）运用条件Logit模型对1569家中国企业对外直接投资进行分析，实证检验中国企业对外投资布局选择的东道国因素。研究表明，东道国市场规模、自然资源和制度环境对中国企业对外投资具有显著的促进作用，东道国的税率水平、劳动力使用成本、文化之间距离和地理之间距离变量与中国企业到该国投资的概率具有显著的负相关性。泊松模型在东道国投资选址研究中的应用还相对较少。Ramasamy（2012）使用泊松计数模型，分析中国上市企业投资行为，得出这类企业投资为市场导向型。杨亚平等（2017）采用负二项回归模型实证检验制度的差距对中国企业投资布局选址的影响。

总的来看，随着企业跨境投资统计不断完善，依托企业选址模型讨论对外直接投资的影响因素比从国家层面入手分析更接近现实。企业选址模型主要分为面向企业选址结果的离散选择模型和面向企业选址次数的泊松回归模型。目前应用离散选择模型分析国际选址行为的相对较多，应用泊松回归模型的分析研究相对较少。

（三）空间分析方法应用

实证研究中经济数据都含有空间位置，不同空间位置的数据间存在联系，而空间位置较近的事物更具有关联性。如果将时间序列数据视为数据在时间轴上的随机分布，那么可以考虑将经济数据的空间位置视为数据在空间单元上的随机分布。Anselin 和 Rey（1991）提出了在回归分析中应用空间经济学的方法，可以更充分地分析数据的空间位置影响。空间计量经济学使用空间权重矩阵描述不同空间单元之间的关系，空间单元之间的距离通常用于定义空间权重矩阵，该矩阵距离既包括空间距离，也包括经济等制度距离（Lesage，2009）。Lesage（2014）讨论了不同空间权重矩阵的设置可能对模型回归结果的影响，认为选择不同空间权重矩阵对模型回归结果会有影响，但程度差别不大。空间权重矩阵形成后，可以通过空间相关性分析检验不同空间单元的经济数据的空间相关性，一般使用全局 Moran's I 指数。Moran's I 指数可以用来表示样本数据在全局意义上的相关性，大小取值在 $-1 \sim 1$。如果各单元数值在空间上呈现正相关，包括高值空间单元与高值空间单元聚集或者低值空间单元与低值空间单元相邻，那么 Moran's I 指数得到的空间相关性结果应大于 0。相反，如果高值空间单元与低值空间单元相邻，那么 Moran's I 指数得到的空间相关性结果应小于 0。如果高值空间单元与低值空间单元在空间分上随机，不存在明显的相邻情况，那么 Moran's I 指数得到的空间相关性结果应接近于 0。另外，局部 Moran's I 指数也可以用来分析空间单元的数据相关性，可以得到局部意义上高值空间单元与高值空间单元相邻、低值空间单元与低值空间单元相邻、高值空间单元与低值空间单元相邻等分析结果。

　　基于空间权重矩阵，通过 Moran's I 指数可以得到各空间单元经济数据空间相关性的初步结论，进一步检验空间相关性需要应用包含空间因素的计量模型方法。空间计量模型一般在原有线性回归模型基础上进行扩展，一般包括空间自相关因素的模型结构，空间误差因素的模型结构和空间杜宾模型结构，都在很多研究中得到应用。空间自回归的模型结构认为模型的被解释变量在空间上存在相关性，因此应将被解释变量的空间相关项引入模型结构中。空间误差的模型结构认为模型可能存在解释变量缺失，因此模型误差项可能在空间上存在相关性，即模型解释变量以外的缺失变量，可能在空间上存在相关性。空间杜宾的模型结构则强调模型解释变量的空间相关性，将各解释变量的空间相关项纳入模型结构。对于空间计量模型的回归检验，最小二乘法可能会使估计的结果产生偏差，一般更多采用最大似然的估计方法等得到回归结果。

　　国际直接投资的区位选址中，东道国一般数量较多，承接外来投资的影响因素不仅与当地的区位条件有关，还往往受相邻东道国的区位条件的影响，因此有必要在实证研究中充分考虑解释变量的空间相关性。目前在国际直接投资区位选址的研究中，多数研究采用引力模型等分析方法，较少考虑东道国之间的空间相互联系可能对投资的选址产生影响，对东道国自身属性的研究较多，对东道国自身属性间的空间相关性考虑的较少（史叶本，2015）。因此，无论是在宏观层面针对国际直接投资选址因素的实证研究，还是在微观层面针对企业跨境投资选址行为的实证研究中，都应引入空间计量分析方法。

　　随着国际直接投资区位选择研究的不断深入和经济数据空间位置信息数据的可得性增强，越来越多的实证研究关注不同东道国区位因素之间的空间联系。董新新（2017）基于 55 个国家承接中国投资的面板数据进行分析，发现中国对外直接投资的区位选择具有空间效应。中国对"一带一路"投资的空间网络特征显著，空间网络节点的连接不断密切（刘梦恒，2019）。部分学者将空间方法纳入国家层面投资布局选择模型，在两国模型基础上加入第三国因素，分析一国对东道国直接投资受到第三国的影响（Baltagi et al.，2007；Garretsen，2009；Nwaogu，2014；李勤昌，2017；帅芳彬，2018）。一些学者研究发现，承接国周边国家的市场规模、要素成本、投资环境以及第三方国家的一些不可观测因素等的变化（熊彬，2018），对承接国吸引国际投资产生影响。研究结论主要有两种：第一种是第三方国家投资环境等得到改善可能导致投资者对东道国的直接投资发生转移，产生挤出效应（Frédéric Blanc – Brude et al., 2014）；第二种是第三方国家或临近区域的FDI可以促进东道国吸引投资，形成空间上的集聚。当一国对外直接投资的目的是整合区域产业链供应链，并且最终产品回流，那么这种对东道国的对外直接投资与第三方国家具有互补效应（Garretsen & Peeters，2009；Uwaoma et al.，2014）。谢杰和刘任余（2012）采用空间滞后模型和空间误差模型等方法，研究中国对57个国家的投资受到第三方国家的影响情况，发现存在空间互补效应，东道国出口额与承接中国投资规模显著正相关，贸易、地理间距离的影响不显著。马述忠和刘梦恒（2016）运用空间杜宾模型进行研究，发现第三国吸引来自中国的投资会对东道国吸引来自中国的投资产生挤出效应。熊彬（2018）通过实证表明，中国投资具有正向的空间溢出效应，即第三方国家承接更多中国投资有利于样本国承接中国投资，第三方国家的市场潜力对样本国承接中国对外直接投资具有显著影响。定量研究还表明，东道国的市场规模等四大因素均对中国投资产生显著影响。但不同收入水平国家的上述因素的影响有差异，对于低收入国家，当地自然资源以及基础设施对中国直接投资的影响具有显著性；对于高收入国家，较高的劳动力成本不利于吸引来自中国投资。刘梦恒（2019）应用空间杜宾模型、空间误差模型等模型研究发现，中国投资存在空间相关效应，第三方国家市场对中国在东道国的投资产生一定的挤出效应。

部分学者关注应用空间计量方法讨论影响中国对东道国直接投资的区位因素。龚静（2015）利用空间计量模型实证研究了新兴经济体承接外商直接投资的影响因素以及各国投资之间的空间效应。研究结果表明，各国承接的外商直接投资更倾向于当地巨大的市场规模、丰富的自然资源以及较低的生产成本。同时，完善的基础设施和较高的开放水平也有利于吸引投资。新兴经济体吸引外商直接投资的空间效应体现为互补性，并未出现挤出效应，表明各国之间在吸引投资方面存在合作空间。史本叶（2015）应用空间滞后模型，采用2005~2010年面板数据，讨论了中国对东南亚联盟各国投资布局的影响因素，发现相对市场规模、工资差异等对中国在东南亚联盟各国投资具有正向的显著相关性，对东南亚联盟各国的贸易也有助于提升直接投资规模，基础设施、开放指标程度等影响不显著。李勤昌（2017）根据2006~2015年面板数据，基于空间模型分析中国对相关国家投资的影响因素，结果显示东道国贸易系数、人均GDP和市场开放程度等对吸引中国对外直接投资具有显著的正向相关性，而双边距离等因素则具有显著的负向相关性。研究发现存在第三国挤出效应，并影响到投资的布局选择。徐强（2019）实证检验中国对43个"丝绸之路经济带"国家直接投资的影响因素。根据空间模型分析，第三国对样本国吸引中国直接投资的影响主要来自其市场潜力以及其他不可测因素，但这些因素在不同收入水平国家存在异质性，如高收入国家的市场规模与中国对东道国的投资具有负效应。胡颖等（2020）实证检验东道国信息化水平对中国投资的影响，研究结果表明，东道国信息化水平越高越能够吸引中国投资。东道国承接中国投资与中国对第三方国家的投资存在正向的空间相关效应，但这一效应的系数较小。王晖等（2020）从行业层面开展研究，聚焦中国制造业企业的对外投资的空间效应。实证分析，第三国因素以及其不可观测因素都促进了中国制造业企业对样本国的投资。按照收入水平进行分组检验，中国制造业企业对不同收入水平样本国直接投资具有差异，对低收入和中高收入国家具有溢出效应，而对高收入国家则具有挤出效应。王文佳等（2020）认为中国对"一带一路"的直接投资除需考虑东道国制度特征以外，还需要考虑在多边框架下不同东道国制度因素的联动性，也就是制度因素之间的空间相关性。使用全球治理指数作为制度因素代理变量，利用空间杜宾模型实证分析发现制度因素对中国对外直接投资具有显著影响，并且制度因素的空间关联性影响中国对外直接投资的空间集聚。

总体来看，在国家层面承接外商直接投资布局选择影响因素的实证分析中，越来越多的研究尝试在原有的引力模型等分析结构基础上，引入空间计量分析方法，讨论东道国不同因素对吸引国际直接投资的影响，同时也有研究关注东道国周边的第三国区位因素对东道国吸引投资的影响程度。但企业层面，尽管有很多研究使用离散选择模型和泊松模型等讨论企业投资选址中东道国的空间布局影响因素，但在企业选址模型研究中，将东道国有关因素的空间相关性纳入模型的研究相对较少，空间计量方法应用也比较有限（Nielsen et al., 2017），因此需要进一步关注如何在面向企业层面的研究分析中，充分考虑东道国区位因素的空间相关性问题，这是值得深入扩展的研究领域。

二、东道国环境规制对投资区位选择的实证研究

东道国环境规制（environmental regulation）对国际直接投资选址的影响是

学者、政策制定者等关注的重点。Pearson（1987）认为环境因素与劳动力、资本一样也是一种生产要素，是国际直接投资决策需要的考虑因素之一。环境规制可能导致国际直接投资变形（Distortion）。一方面，一国单方面实施限制污染的政策（标准）将形成投资壁垒，限制不符合该国环境标准的投资进入。另一方面，严格的环境政策可能对国内企业产生不利影响，因为那些在不采取严格环境规制的国家生产污染商品的竞争对手能够获得成本优势（Massimo Motta et al.，1994）。关于东道国环境规制对投资的区位选择实证分析的结论大致有三种：

一种观点认为环境规制与投资流入具有负的相关性，但具有国别和产业的异质性（吴玉明，2007；陈旋、武戈，2010；傅京燕等，2018）。一般认为发展中国家与发达国家环境规制水平不同。在经济发展的起步阶段，发展中国家的工业所占比重较小或者说高排放产业相对较少，对环境质量的要求不高，提供的环境服务价格较低，因此发展中国家相比发达国家在生产污染较多产品方面具有可能的相对优势。Markusen 等（1993）首次尝试将环境政策与企业区位和产业结构联系起来，构建了两国、两个企业、三种商品模型，来分析环境政策（包括税收政策、生产许可制度、对边际成本具有影响的环境法规，以及对固定成本具有影响的法规）改变对企业数量和位置的影响。江珂和卢现祥（2011）指出，发展中国家高污染产业容易转向环境规制强度不高的地区，而发达国家的产业则不易受此影响。邱强等（2018）认为东亚和太平洋一些国家如果规制水平相对较高，那么吸引中国投资的流入量相对较少。但这种效应存在异质性，比如对于中低收入水平的国家，这种效应具有显著性，但对于高收入水平国家、中高收入国家单元则不具有显著性。刘芊岑（2018）分析了 2007~2016 年中国对"一带一路"投资的数据，结果表明承接国家的环境规制强度与中国在当地的投资呈现一定的负向相关性，并且具有显著性。吴建祖（2020）认为环境规制对中国投资区位选址的影响总体上并不显著，但对于自然资源导向型的投资来说，当地环境规制具有明显的抑制作用。徐沛然（2016）研究发现承接国环境规制对中国投资具有显著的抑制作用，环境规制较弱的国家更容易吸引中国投资。

第二种观点认为国际直接投资不一定会被吸引到环境规制水平较低的地区（Dean et al.，2009；Yang et al.，2018；Kim & Rhee，2020）。Xing（2002）实证研究了东道国环境法规对美国高污染行业（化学品和原料金属）以及低污染行业（电机和非电动机械、运输设备、食品）FDI 的影响，结果显示，东道国宽松的环境法规对低污染行业的 FDI 影响不显著。Eskeland 和 Harrison（2003）考察了四个发展中国家的对外投资模式，在控制了可能影响对外投资格局的特定国家因素，实证结果不支持发展中国家的对外直接投资规模与工业化国家的减排成本提高有关。Javorcik 和 Wei（2004）对流入东欧和苏联的企业层面的投资数据进行了分析，实证发现没有证据表明来自污染较重行业的 FDI 更有可能被吸引到环境法规较弱的国家。Tole 和 Koop（2011）研究发现全球主要跨国金矿企业的区位与环境规制之间在统计上不显著，这些企业更倾向于选址在靠近总部、腐败水平低以及具有透明、可预测营商环境的国家。Poelhekke 和 Van Der Ploeg（2015）利用荷兰投资数据进行研究，对不同部门的对外直接投资的污染避难所效应进行了检验，发现自然资源开采冶炼、建筑行业、批发零售业、食品饮料加工业等部门，承接国相对宽松的环境政策有利于吸引外来投资，但对于机械制造、电子信息、汽车制造等行业来说，更严格并且执行得更好的环境政策会吸引更多的外来投资，并有助于企业在可持续管理方面以及体现企业承担责任方面，形成较好影响。

第三种观点认为国际直接投资有可能流向环境管制相对较高的地区，即产生"力争上游"的效应。Oates 和 Schwab（1988）最早指出不同司法管辖区（Inter‐Jurisdictional）对流动资本的竞争不会导致"逐底竞争"。Bouwe 等（2006）基于同质的古诺双头垄断模型进行分析，指出跨国公司为了争夺竞争对手所占有的市场份额，通过投资决策使东道国提高环境规制反而导致竞争对手的成本提高（Salop & Scheffman，1983，1987）。Puller（2006）的研究表明，即使东道国设定的环境税率高于外国，外国企业仍可能倾向于迁往该国，即污染行业的资本将流向环境监管更严格的区位。这是因为企业有创新动机，监管机构制定更严格的标准只会给竞争对手带来更高的成本。Rivera 和 Oh（2013）对 2001~2007 年 94 家欧洲《财富》全球 500 强企业的投资数据进行分析发现，这些企业更倾向于进入环境法规比母国更严格的国家，同时监管确定性比监管严格性对跨国公司投资的影响更大；在更民主的国家和更清洁的工业中，跨国公司进入环境法规更严格的国家的趋势更明显。Bu 和 Wagner（2016）研究指出，企业能力、规模的异质性决定了其对外投资时"逐底竞争"和"力争上游"并存，拥有良好环境技术的企业倾向于在监管更严格的地区投资，而技术较弱的企业的则不太可能投资于类似的地区。

东道国环境规制对于投资影响难以形成一致的实证结论，主要是因为环境规制虽然可以影响企业的边际成本，但环境规制所产生的成本只是跨国公司跨境投资区位选择时必须考虑的众多成本之一。FDI 是由不同因素所驱动（Tole & Koop，2011）。FDI 的区位选择通常是由要素禀赋的比较优势和技术差异所决定的，而不是环境政策。污染避难所可能会被要素禀赋效应抵消，因为污染密集型产业往往是资本密集型产业，环境监管宽松的国家往往是资本密集程度最低的国家（Kahouli，2014）。以出口为导向的外商直接投资比以当地市场为导向的外商直接投资对更严格的环境规定更敏感（Tang，2015）。Sanna – Randaccio 等（2010）分析了各国市场规模不同时单边气候政策对排放密集型行业的投资区位战略的影响，短期内，资本密集程度较高的部门很可能不会改变区位，如果出现战略转变，则采取部分而不是全部转移的形式。也有一些学者指出集聚效应可能弱化或抵消环境规制对国际直接投资的影响。郭建万和陶锋（2009）研究发现，在新经济地理模型的研究体系下，如果将集聚因素纳入其中，则 FDI 与环境规制的负相关性转为正相关关系。Zeng 和 Zhao（2008）构建了一个收益递增、运输成本显著和不完全竞争的南北两国模型，实证研究表明集聚经济可以抵消较低环境法规对企业的拉动。Wagner 和 Timmins（2009）分析了东道国的环境法规对德国制造业对外直接投资的影响，强调有必要控制外国直接投资聚集所产生的外部性。Manderson 和 Kneller（2012）指出，没有强有力证据表明对环境污染较重的跨国公司比环境污染较轻的跨国公司更有可能在环境政策宽松的东道国选址，污染密集型跨国公司的选址决策主要取决于腐败等因素。

第三节

国际直接投资的环境效应

一、污染避难所和污染光环效应

国际直接投资对环境的影响存在不同观点，这主要是由于研究者采用各自差异化的变量、数据来源、模型检验方法等，因此结论存在差异（Letchumanan & Kodama，2000；Cole et al.，2011）。一般认为，如果国际直接投资增加了东道国污染排放，则称为污染避难所效应，与之相反则称为污染光环效应（Zugravu，2017）。也有部分学者认为国际投资与环境污染之间的关系是不确定的。Zarsky（1999）研究指出，国际直接投资对环境的影响是混合的，即呈现出积极、消极和中立效应。"污染避难所"可能是一种污染聚集的模式，这不取决于国家环境标准的差异，而是取决于当地社区的教育和收入水平。

（一）污染避难所效应

在国际产业转移研究中，许多学者认为随着经济全球化，发达国家国际化公司为规避本国高昂的环境规制成本，倾向于将有污染企业或者其中的生产加工环节转移到发展中国家（Dean et al.，2009），污染密集型产业有利于提高发展中国家的专业化水平、工业化水平和收入水平，但可能导致东道国污染排放增加。Copeland 等（1994）指出，当本国经济与国外经济联系密切，一国环境规制水平的变化将对高排放产业产生影响。从微观层面来看，跨国公司出于成本考虑，可能进一步调整受规制产业的布局，并且倾向于将此类产业布局到规制水平较低的国家。Henna（2010）指出，美国清洁空气法修正案导致了美国对外直接投资的小幅增加，为了应对更严格的监管，跨国公司的海外资产增加了 5.3%，这符合"污染避难所"假说。Dong 和 Gong（2012）认为国家间存在对环境规制的"逐底竞争"问题。经济合作与发展组织（OECD）运用 27 个成员和 99 个非成员之间的 2001~2007 年 FDI 流动数据的分析显示，东道国相对宽松的环境规制对吸引 OECD 国家（地区）对外直接投资在统计上非常显著。但也有一些研究得出相反的结论，FDI 的国别选择与东道国的环境规制之间并不存在显著的相关关系（Wheeler，2001；Eskeland & Harrison，2003）。

随着国际直接投资流动的加速，很多实证研究关注国际直接投资是否增加了东道国污染物排放，产生污染避难所效应。Hoffmann 等（2005）依托 112 个国家数据，通过因果分析方法讨论了 FDI 与环境排放的关系，结果表明这两个变量之间可能的因果关系与东道国的发展水平有关。Acharyya（2009）利用 1980~2003 年印度国内生产总值、对外直接投资流入量和碳排放的数据，分别研究了外来投资增加对碳排放的影响。分析表明外来投资通过经济增长对碳排放增加产生显著影响。发达国家承接的 FDI 也可能导致污染避难所效应，

Shahbaz 等（2018）对法国较长时期的 FDI 和 CO_2 排放数据进行了研究，认为 FDI 加重了法国环境的退化，支持污染避难所效应。当前中国既吸引国际直接投资，同时对外投资力度加大，具有东道国和母国双重身份。韩永辉等（2019）实证检验了中国 1995~2015 年双向 FDI 与污染物排放的关系，指出短期来看流入中国的 FDI 有助于环境质量的改善，中国的对外直接投资则在一定程度上抑制国内环境的改善，双向 FDI 具有正向的综合环境效应。

（二）污染光环效应

与污染避难所效应相反，污染光环效应认为，国际直接投资可以通过多种渠道实现东道国环境的改善（Albornoz et al.，2014）。Gallagher 和 Zarsky（2007）的研究表明，对外直接投资对环境产生三类绿色效应，分别是向东道国子公司转移相比当地投入效率更高的清洁技术；将最先进的生产和污染控制技术转让给子公司；将环境管理最佳实践转移到子公司，并溢出到东道国的竞争对手企业。Albornoz（2009）提出了环境溢出效应，在投资转移过程中技术溢出效应会带来环境溢出效应。由于跨国公司在技术上更具优势、接受更多的监督、执行统一的企业标准、更加关注环境影响，因此可能带来东道国环境改善（Cole et al.，2008；Dardati & Saygili，2012）。Prakash 和 Potoski（2006）通过对 98 个国家 1996~2002 年吸引 FDI 的数据进行研究，发现流入的外国直接投资与更高水平的 ISO14001 有关。

越来越多的研究关注国际直接投资对东道国是否存在污染光环效应。Kim 和 Adiov（2012）发现东道国环境法规可能吸引国际直接投资，但与东道国本土企业相比，跨国公司使用更加清洁的技术。通过实证研究进一步发现，FDI 对发展中国家的 CO_2 排放带来污染光环效应，主要原因可能是国际直接投资给东道国带去了先进清洁技术，导致流入发展中国家的 FDI 削减了当地人均 CO_2 排放。Shahbaz 等（2015）则发现 FDI 流入增加了发展中国家 CO_2 排放总量，与上述研究结论相反。Zugravu（2015）检验了 2003~2009 年法国对 70 多个国家的 FDI（以投资次数为测量值）对东道国 CO_2、SO_2 等四类工业污染排放的影响，发现总体上存在明显的污染避难所效应，但对部分资本劳动比率相对较低并且环境规制较严的国家，存在污染光环效应，综合得出污染避难所效应、要素禀赋和污染光环效应的存在性和条件。Neequaye 和 Oladi（2015）利用部分发展中国家面板数据，应用固定效应模型分析 FDI 对环境退化的影响，发现结果符合环境库兹涅茨曲线形态。Mesagan（2015）实证分析认为流入的 FDI 对尼日利亚碳排放具有负面影响。Bildirici 和 Gokmenoglu（2020）应用面板数据对 1975~2017 年阿富汗、伊拉克、尼日利亚、巴基斯坦、菲律宾、叙利亚、索马里、泰国和也门等发展中国家吸引的 FDI 与东道国碳排放等进行因果分析，发现从长期来看东道国碳排放与能源消耗、FDI、经济增长之间存在双向因果关系。Zhang 和 Zhou（2016）利用 1995~2010 年的面板数据讨论中国吸引的 FDI 与碳排放之间的关系，从国家和地区两个层面考察了 FDI 对中国碳排放的影响。研究结果表明，国际投资对中国碳减排具有促进作用。国际投资对碳排放的影响从西部地区向东部和中部地区递减。研究结果支持污染光环效应，即跨国公司可以从发达国家向发展中国家输出更绿色环保的技术。Zhang 等（2019）实证分析认为国际投资对中国碳排放没有显著影响，中国碳排放主要受国内投资和经济增长拉动的影响。

二、中国对外直接投资的环境效应研究综述

前期研究中，部分学者关注中国吸引外商直接投资对中国当地环境排放的影响，验证是否存在污染避难所效应。He（2006）构建了联立方程，测算了 1994~2001 年外商直接投资对中国 29 个城市工业 SO_2 排放的影响，结果显示，外商直接投资对工业 SO_2 排放的影响非常小，即 FDI 每提高 1 个百分点，工业 SO_2 仅增加 0.099%，并且 FDI 引致的规模增长效应和产业结构调整带来的效应，减弱了环境政策的作用。Bao 等（2011）采用联立方程来估计外国直接投资对中国整体和区域污染排放的规模、技术和结构影响。估算结果表明，外商直接投资总体上有助于减少中国的污染排放，这在很大程度上取决于其带来的技术效应。于峰等（2007）以 SO_2 排放量作为污染指标，对中国承接的外来投资存量对污染排放的影响进行测算。分类来看，随着投资流入，一国生产规模扩大、经济结构升级所引致的环境影响是负面的，而技术扩散对环境的影响是积极的，但外来投资存量的总体环境影响是负面的。郭红燕等（2008）分析了外来投资通过影响中国的经济总体规模、结构因素和技术能力等从而对环境产生影响，投资存量增长有利于增加经济规模，引起使工业排放有所增加，同时其存量增加也可能使经济结构得到改变，并有利于提高技术能力，进而减少了工业排放，因此外来投资可以在一定程度上对中国环境产生正向的相关效

应。苏红岩、李京梅（2017）讨论了中国承接"一带一路"国家投资对中国当地环境排放的影响，结果表明FDI布局受环境规制成本、污染密集型行业集聚度、劳动力成本、质量，市场等影响，总体来看FDI对中国污染有显著正影响。

近年来，中国吸引外商直接投资不断增加，同时对世界其他国家的投资规模也在不断扩大。Desbordes（2011）指出，新兴经济体与发达经济体在经济社会制度、基础设施、营商环境等方面有较大差距，因此新兴经济体的企业对发展中国家投资可能更有优势，更能适应当地环境。刘凯（2018）根据52个国家吸引中国投资存量面板数据，定量分析了中国投资对承接国的环境效应。结果显示，中国投资可以显著提升承接国环境规制绩效指标，这表明中国对外直接投资可以为东道国带来环境福利效应。对于制度相对不完善的东道国，中国对外直接投资有利于提升当地的环境治理水平，进而改善当地环境。对于制度相对完善的东道国，中国对外直接投资将促进东道国本土企业的竞争，促使东道国提升当地环境规制水平以满足民众期望。杨丽华等（2019）对中国向四大经济走廊的直接投资进行了定量分析，结果表明这类投资具有环境敏感性，并进一步分析了中国对外直接投资所面临的环境风险来源及其成因。刘玉博和吴万宗（2017）分析了中国对外直接投资通过影响东道国单位GDP排放密度最终影响东道国环境质量的机制，构建了近170个承接目的地经济发展指数，并结合中国对样本国11年的投资（流量和存量）数据进行实证检验。数据显示，随着中国对外投资规模的增长承接地污染物排放量增加，但将人口规模这一因素纳入后，中国对外投资显著降低了当地的污染物排放总量。将样本按照收入水平细分后进一步的研究表明，在总量水平和人均水平两方面中国对外投资都显著改善了高收入水平国家（地区）的环境。

随着"一带一路"相关理念的提出，中国对沿线投资的相关研究得到了更多关注，成果不断增多（秦洪军等，2020），如相关国家绿色生产率的测算（黄秀璐等，2017）、相关投资与产业升级（王静、李雪梅，2019）、相关国家投资风险研究（苏馨，2017；武艺扬，2020）。高艺娜（2019）选取2008~2017年丝绸之路经济带的52个国家，分析东道国吸引外来投资对环境影响的效应，结果显示投资导致这些国家大气和水污染等排放增加，但随着经济发展，投资对环境的负向相关效应有所减弱。在对规模效应、结构效应以及技术效应的分析发现，规模效应表现为对环境的负向相关效应，技术效应和结构效应则呈现出正向的相关效应。对不同国家的分析研究发现，规模和结构效应对处于工业发展过程中国家的影响更为明显，技术效应则对处于工业转型过程中的国家影响更为明显。刘乃全等（2017）运用多种方法进行了实证分析，研究指出中国对样本国的投资在总体上减轻了当地污染排放，而对照组的投资则加剧了当地的环境污染，细分研究还发现对照组中不同国家投资所引致的环境影响程度有差异。中国对"一带一路"的投资具有反向的技术外溢效应（白洁，2009；姚战琪，2017）、化解过剩产能（汪孙达，2017；王劭璇，2019）以及生产率增长效应。胡琰欣等（2019）指出中国对外直接投资对国内的绿色经济增长具有显著正效应，这种逆向技术溢出的传导途径主要有三种，即改善劳动力错配、产业结构升级和增加研发投入。按照经济发展程度细分研究来看，中国对外直接投资引致的发展中国家绿色经济增长效果要高于对发达国家。

第四节

国际投资与复杂网络理论

随着国家间投资规模和频率的不断增加，形成了以全球价值链分工体系为表征的国际投资网络。在过去几十年里，生产过程的特点是任务的分散化，从而产生了全球生产链和复杂网络[①]。随着全球生产网络的形成，跨国公司为了效益最大化，开始尝试在全球范围内优化调整和布局资源。随着跨国公司在全球范围内布局资源需求日益增加，跨国资本在不同经济体间的流动加速，逐渐形成以投资流为主体的网络，理解外国直接投资网络至关重要（Schoeneman et al., 2017）。Gábor Békés 等（2017）研究通过分析中亚和东亚地区国家组成的 FDI 网络指出，如果国家之间具有类似的联盟背景，那么更容易产生投资连接。

复杂网络理论对于实际网络具有极强的揭示作用，通过点度中心度等具体测度指标，将复杂系统抽象成网络，有助于把握其本质特征。复杂网络的分析在自然科学和社会科学中都受到了极大的关注（Dorogovtsev & Mendes,

---

① UNCTAD. 2013. Global Value Chains: Investment and Trade for Development. New York: United Nations.

2013)。部分学者尝试利用复杂网络的理论对国际投资等经济活动的网络拓扑结构进行研究(Bolívar et al.,2019;Sultana,2020)。刘景卿等(2019)刻画了40个国家2001~2012年FDI流入和流出网络结构,分析显示网络集约关系和广延性的关系特征均呈偏分布。同时,FDI网络特征对一国参与全球分工有着重要影响。一国网络集约性关系和广延性关系越高,在全球价值链分工中的地位越高。

运用复杂网络指标测度,可以分析国际投资网络的结构特征。Freeman(1977)认为,网络中的一个节点是"在某种程度上是中心的,它落在其他点对之间的最短路径上"。这种中心地位很可能是"局部的"。因此,一个国家在全球投资网络中的中介中心性越强对FDI的吸引力就越大。Meyborg(2011)分析了1990~2006年外商直接投资对中东欧10个国家创新活动和发明者网络的影响,采用度中心性(Degree – centrality)和中介中心度(Betweenness – centrality)分析发现匈牙利、波兰等在创新活动和发明网络中具有举足轻重的作用。Masi等(2013)对意大利制造业(服装、纺织、电力、机械和机电设备等)企业海外投资网络进行了研究,指出企业的对外投资策略具有很强的异质性(行业间和行业内)。一些公司采用市场寻求型的横向直接投资模式,另一些则为了更有效地利用地区要素禀赋,采取纵向模式。Celo和Chacar(2014)基于网络理论和结构洞(Structural Holes)提出了国际直接投资的网络观,总结出一套衡量国家中介中心性的指标。指出一国所嵌入网络的特征将影响其FDI。对一个国家进行直接投资的最短或最有效的途径很可能是通过结构性漏洞或第三国。同时,一个国家在全球企业投资网络中的中介中心性越强对FDI的吸引力就越大。Saban和Bonomo(2014)首次提出利用准集团(Quasi – cliques)作为评估随机图拓扑结构差异的工具,对1959~2005年179个国家签署的2460项双边投资协定(BIT)网络进行实证研究,结果表明该网络始终具有小世界性质,平均路径长度几乎恒定。与此相反,聚类系数和度分布随时间改变。杨文龙等(2017)运用2011~2012年国与国之间投资数据,构建有向加权的投资数据网络,研究表明欧洲、北美等地区在该网络中居于核心地位,但其所发挥的功能存在显著差异。

复杂投资网络表明,在一国对外直接投资中,第三方市场因其在全球需求(与规模有关)或供应(与生产成本有关)中所占的比重,可能影响双边外国直接投资。Battiston等(2005)运用复杂网络角度采用直接投资存量数据对欧洲内部的投资进行了分析。在企业层面上，根据所有权份额和雇员人数来计算投资存量，企业投资存量是幂次分布，特别是投资的指数与企业活动的指数非常接近。在欧洲地区层面上，投资网络的度分布为对数正态分布。在这两个层面上，还发现了投资活动和互联互通相互关系。Schoeneman 等（2018）引入计数指数随机图模型（ERGM），对 FDI 网络的特征进行建模，并证明它们同时具有互惠性和传递性。因此。一个国家接受外国直接投资的可能性不仅取决于其自身的区位优势，如要素禀赋、大型消费市场和体制环境，还取决于其与网络中现有伙伴国的连通性。从计量经济学的角度来看，第三国效应是重要的，因为它们的遗漏可能会导致有偏参数估计（Baltagi et al., 2008）。王杰明（2012）构建了 47 个国家 FDI 网络，研究发现该网络具有小世界的特征，即平均路径的长度相对较短，但聚类系数较高，存在中心—边缘结构。实证研究表明，文化差异对企业的对外投资有重要影响，在国家层面表现为文化差异与国际直接投资的负相关性。Garas Antonios（2015）使用含有复杂网络效应变量的引力方程，研究了 OECD 国家移民与 FDI 之间的关系，发现在移民网络中处于中心地位的成员对国家存在更强的投资关系。此外，两国双向 FDI 进一步受到国际移民复杂网络的影响。

小结与评述

国际直接投资是跨国资本流动的重要表现，扩大投资有利于企业参与国际分工。国际直接投资对环境的影响始终是各方面关注的热点。EKC 假说讨论了经济增长与环境质量的关系问题，国际投资可以带动东道国经济增长，同时对东道国环境排放具有影响。

各种国际直接投资理论都会涉及区位布局、选择问题，国际生产折衷理论明确提出区位优势是跨国公司向外投资的重要影响因素。国内外大量实证研究分析了东道国各种区位因素对国际直接投资的影响，总体上分为宏观（国家）层面和微观（企业）层面两条路线。一方面，大量研究以各国对外投资额为对象，分析东道国各种区位特征对投资额的影响程度，已经成为主流方法。较多实证研究基于改进的引力模型和面板数据进行分析。经典引力模型中的市场规模和地理距离等因素一般都予以保留，东道国其他区位特征选择性的被纳入模型结构，比如环境规制等。尽管由于模型结构和数据结构有所差别，导致不同实证研究的结论存在差异,但这种分析框架仍是宏观层面分析国际直接投资区位选择影响因素的重要方法。不同研究结果对于分析统一的内在规律仍具有重要的参考价值。另一方面,国际直接投资的微观基础是企业,因此需要更多从微观层面即企业选址行为入手,研究讨论国际直接投资区位选择的影响因素。随着企业层级跨国投资数据的可获得性增强,从企业投资选址行为分析到东道国投资的区位选择影响因素,是需要关注的研究方向。在企业层面建立分析框架需要依赖离散选择模型等企业选址模型,已有部分研究应用离散选择模型分析东道国区位特征对企业投资行为的影响。

总体来看,关于东道国区位因素对于国际直接投资影响的现有研究,多数从宏观(国家)角度切入,而从微观(企业)层面入手的研究并不多。此外,东道国承接投资的影响因素不仅与当地的区位条件有关,还往往受相邻东道国的区位条件的影响。但现有研究中,对东道国自身区位特征研究较多,对区位因素的空间相关性的考虑相对较少,有必要在实证研究应用空间计量分析方法。目前,对于从宏观(国家)层面入手讨论区位选择影响的研究路线,已经有越来越多实证研究将空间计量方法纳入框架。对于从微观(企业)层面入手的研究路线,还较少考虑将空间因素纳入企业选址模型,这是一个需要深化、拓展的研究方向。

在实证研究方面,大量研究关注检验国际直接投资是否加重东道国污染排放,即这种影响是体现为污染避难所效应还是污染光环效应。污染光环效应认为,国际直接投资可以通过多种渠道导致东道国环境改善。目前国际直接投资对东道国的环境排放影响实证结果并不一致,污染避难所效应和污染光环效应并存。"一带一路"倡议实施七年多来,"五通"特别是资金融通上迈出了重要步伐,这也引发了更大范围对于中国对"一带一路"投资的环境排放影响的关注,但将中国与其他国家直接投资予以区别的研究不多,对"一带一路"东道国异质性分析相对较少。

随着绿色"一带一路"建设成为广泛共识,中国对沿线投资的环境影响和绿色发展问题的研究需要进一步深化。一方面,分析东道国环境规制对中国企业投资选址的影响,需要客观分析中国企业投资行为,促进绿色投资。现有研究大多从宏观(国家)层面开展实证分析,检验区位影响因素,从企业层面入手,基于企业选址模型分析东道国区位影响因素的研究相对较少,并且空间计量方法应用仍显不足,需要对研究方法予以完善。另一方面,对于中国投资带来的环境效应问题，需要进一步讨论是否支持污染避难所效应或污染光环效应，现有的模型方法应进一步完善，区别考虑中国投资和其他国家投资带来的影响，并对东道国异质性问题予以充分考虑。随着国家间投资不断活跃，投资网络体系更加丰富，复杂网络理论在国际投资研究中具有更加广阔的应用场景。将复杂网络分析方法应用于国际投资体系，将成为未来研究的重要趋势。

第三章

国际直接投资与绿色发展的研究分析框架

绿色发展和开放发展都是中国五大发展理念的重要内涵,也越来越成为更多国家的共识。国际直接投资是各国实施开放发展的重要举措,而国际直接投资与环境之间的相互关系成为绿色发展的重要交汇点。本章对绿色发展的内涵进行了研究,并进一步从东道国环境规制影响投资选址、国际投资对东道国环境的影响、促进国际投资绿色发展等方面搭建起国际直接投资与绿色发展的分析研究框架。

第一节 绿色发展的内涵与实现路径

一、绿色发展的内涵

绿色发展与可持续发展、绿色经济、绿色增长等密切相关。早期研究关注可持续发展。Meadows 等(1974)在增长的极限报告[①]中模拟了人口增长、工业发展、环境排放和不可再生资源消耗的长期发展趋势,多个场景的模拟显示,如果人类继续按照当前的增长方式发展下去,或者应对的行动不够迅速,那么发展将不可持续。英国环境经济学家戴维·皮尔斯(David Pierce)最早提出"绿色经济",认为要重新思考满足经济人无约束欲望的经济系统,绿色经济是经济产出的变化率和在这一过程中消耗的环境资产的系统解耦(decoupling),所有类型的绿色经济都具有三大特点,即限制人类的贪婪、

---

① Donella H. Meadows, Jorgen Randers, Dennis L. Meadows, William W. Behrens. The Limits to growth: A report for the Club of Rome's Project on the Predicament of Mankind. Universe Books, 1974.

可持续性和解耦①。联合国环境规划署将绿色经济界定为通过大幅增加能够提升地球自然资本的投资，或减少对生态稀缺和具有环境风险的经济部门的投资，在改善人类福祉、促进社会公平的同时降低环境风险②。因此，可以将绿色经济等同为类似低碳、资源高效且具有社会包容性的经济。为了实现绿色经济，需要通过有针对性的公共支出、政策和法规来促进相关投资。作为联合国绿色经济倡议成果的全球绿色新政（Global Green New Deal，GGND），强调迅速启动向绿色经济的过渡。OECD（2011）指出绿色增长是在保持经济发展的基础上，确保自然可以提供人类生存的资源和环境服务，要实现绿色增长必须促进投资和创新，以支撑经济的持续增长，并创造新的经济机会③。

世界银行（2001）指出绿色发展是一种新的发展观，强调要保持经济发展和环境保护之间的均衡性关系④。国内学者也从不同角度界定绿色发展的内涵。一般认为，绿色发展作为新的发展模式，主要体现在能够实现经济发展与资源负荷的解耦，并使环境治理等活动成为新的生产力（石敏俊，2017；蒋南平、向仁康，2013）。王玲玲和张艳国（2012）指出，绿色发展系统包括环境、经济、政治、文化等多个子系统，总的来看是在一定的资源约束条件下，通过生态环境保护实现可持续发展。李佐军（2012）指出绿色发展是充分利用可再生能源，提高资源利用效率的发展方式⑤。也有学者认为绿色发展有别于可持续发展，绿色发展是人类发展理论的又一次重大创新⑥。概括起来，绿色发展就是以更小的环境排放实现经济发展，从而实现经济增长与环境排放的耦合度降至最低。这样经济增长就可以摆脱对于高排放、高资源消耗的依赖，形成一种可持续发展方式，并且有利于促进经济增长与节能减碳（商亮，2017）。

绿色发展与循环发展、低碳发展之间的关系也是研究的重点之一。循环发展理论源于Boulding在宇宙飞船世界经济学中，将地球形容为封闭的飞船，系

---

① 戴维·皮尔斯在《绿色经济蓝图》一书中最早提出"绿色经济"这一概念，在《绿色经济》一书中进一步界定了这一概念。
② Green Economy: Developing Countries Success Stories. https://www.minambiente.it/sites/default/files/archivio/allegati/rio_20/unep_developing_countries_success_stories_eng.pdf.
③ Towards Green Growth: Monitoring Progress OECD Indicators.
④ World Bank. China: Air, Land, and Water – Environmental Priorities for a New Millennium. World Bank Publications, Number 14020, June 2001.
⑤ 李佐军. 中国绿色转型发展报告 [M]. 北京：中共中央党校出版社，2012：1-2.
⑥ 胡鞍钢. 中国：创新绿色发展 [M]. 北京：中国人民大学出版社，2012.

统中人类要靠循环来满足除能量外所需的一切物质。循环经济强调减量化、再利用以及资源化，实现从资源到产品到废物再生利用的闭环流程。低碳发展是为应对气候变化而提出，2003年英国政府首次在《我们的未来能源——低碳经济》（Our Energy Future – Creating a Low Carbon Economy）白皮书中所提出低碳经济，为了实现这一目标白皮书提出了四大支柱，即环境、能源可靠性、为最贫困人口提供可负担的能源以及为企业、工业和家庭提供有竞争力的市场。低碳经济旨在通过提高能源利用效率、调整能源结构、更清洁低碳的交通运输方式等，以更低的能耗、污染排放推动经济社会高质量发展。在低碳经济中能源科学技术创新至关重要。学者对绿色发展与循环发展、低碳发展之间的关系从不同研究角度给出的分析。王新玉（2014）指出低碳发展与循环发展都是实现可持续发展的有效路径；低碳发展包含于绿色发展，是它的重要内容。绿色发展、循环发展、低碳发展是关于生态文明的系统性、整体性的发展（黄耀霞、康来云，2019）。闫泽涛（2016）指出绿色发展是继循环发展和低碳发展之后，可持续发展的最新阶段。结合绿色发展、循环发展和低碳发展的理论脉络，可以发现三者各有侧重，但是它们的核心都是实现人与自然和谐，促进经济、社会、生态的良性互动发展（伍国勇、段豫川，2014；张友国，2020等）。党的十八届五中全会提出的绿色发展理念，党的十九大强调要建立健全绿色低碳循环发展的经济体系，从中可以看出绿色、低碳、循环都是绿色发展的核心。

综上所述，目前关于绿色发展的内涵尚未达成共识，不同国际组织、学者从不同的研究视角出发，提出的观点不尽相同。通过对这些理论、分析框架、观点进行归纳总结概括，可以得出绿色发展是对生态环境和自然资源一定程度承载的基础上，通过生产、流通、分配、消费等环节的绿色、低碳、循环方式，实现绿色经济、绿色社会、绿色文化，达到人与自然的和谐共生。

二、绿色发展的实现路径

绿色发展不可能一蹴而就。世界银行在《包容性绿色增长》[①]报告中提出了推进绿色增长的三大战略：一是要在充分考虑国家制度以及治理水平等的基

---

① World Bank. Inclusive Green Growth：The Pathway To Sustainable Development. 2012 http：//documents1.worldbank.org/curated/en/368361468313515918/pdf/691250PUB0Publ067902B09780821395516.pdf.

础上，将包容性纳入政府的决策过程以及长期发展战略，实现效益最大化、成本最小化。二是要促进行为主体，政府、企业、社会公众的协同努力。尝试为生态环境服务定价，避免市场失灵，采取市场化手段来提高效率、促进创新。并且要制定配套措施来使社会生活方式、生产方式更加绿色化。三是要发挥融资等工具作用，使企业在绿色投资中的作用得到充分发挥。

通过世界银行所提供的分析框架可以发现，绿色发展有赖于行为主体的能动性的发挥。自然资源和生态环境具有公共产品和一定的外部性特征，存在市场机制问题，需要更好发挥政府的作用，有助于形成绿色新政。政府在绿色发展中居于主导和引领地位，要构建绿色发展的投融资机制、激励机制、惩戒机制。严格的环境规制有助于遏制以污染为代价的不可持续发展，同时也将提高投资的准入门槛，从而促进当地的绿色发展。政府通过基于市场化的财政金融工具（Market Based Instruments）推动绿色发展，可采取的措施包括：征收排污费、碳交易市场、鼓励回收利用的返还（Refund）制度、金融援助、取消对环境有害的补贴，促进绿色发展。

企业是市场主体，在绿色发展中具有重要责任。历史上，企业为了追求利润的最大化，往往不重视企业行为对环境产生的影响。许多学者研究了企业推动绿色发展的动机，如政府立法、利益相关者压力、经济机会和伦理道德（Lampe et al.，1991）。严格的环境法规可以提高企业的竞争力（Porter，1995）。Bansal 和 Roth（2000）认为，企业绿化（Go Green）的动机主要体现在对生态响应能力提高了企业长期盈利能力，履行环境责任符合了当地法律规定。企业推动绿色发展，既可以执行最低限度的规制以满足有关的环境规制，也可以主动作为，自愿采取措施将环境可持续性纳入企业发展战略，以减少对环境的影响（Dyllick & Hockerts，2002；González - Benito et al.，2006）。企业推动绿色发展，可以围绕研发、生产、流通、废物处理等各环节，通过技术创新，持续提升绿色生产水平。

加快推动绿色发展离不开公众践行绿色生活方式。环境问题的产生不局限于供给端，消费活动对环境也会造成影响，而且这种影响不仅数量大而且范围也非常广泛，如果不充分认识，绿色发展的实现就会受到局限。通过个体生活方式的改变，减少对环境的污染损害，有助于提高生态环境的质量，倡导绿色消费成为必然。要发挥绿色消费在实现绿色发展中的推动作用，就要进一步形成绿色生活的价值观。

FDI 对绿色增长的贡献正在成为讨论的焦点。通过东道国、来源国和国际化公司的共同合作，有效利用绿色 FDI，能够实现可持续发展目标。绿色 FDI 是指有助于环境保护和恢复，以及避免对环境或气候造成负面影响的 FDI。绿色 FDI 概念的出现，有助于识别环境和气候改善的投资。目前对于绿色 FDI 的具体内涵还没有达成共识。2008 年，联合国贸易和发展会议（UNCTAD）指出绿色 FDI 主要包括两类：一类是采用高于东道国环境标准，或者可以表述为更加合规的 FDI；另一类是在东道国境内直接用于生产环境产品和服务的 FDI[①]。UNCTAD（2010）进一步提出低碳外国投资（Low-Carbon Foreign Investment）的概念，如果企业可以通过股权、非股权等多种方式向承接地转让技术以及配套服务，并使承接地从事生产经营活动的碳排放低于同行业水平，那么这种投资就可以被称为低碳投资。此外，那些为了获得低碳技术、服务以及相关产品的投资也可以称为低碳外国投资。一般公认的低碳投资领域主要集中在可再生能源、回收利用和符合低碳要求的技术制造业等领域。仅 2009 年上述领域的低碳投资就达 900 亿美元，约占当年全球 FDI 份额约 8%。2016 年，流入这三个领域的绿地 FDI 达 820 亿美元。

表 3-1　　　　　　　　　　　　绿色 FDI 的定义

来源	概念	定义
联合国贸发会议圆桌会议（2008）	绿色 FDI	1. 采用高于东道国法律要求的环境标准的 FDI； 2. 直接投资于 EGS（Environmental Goods and Services）生产。
联合国贸发会议《国际投资报告》(2010)	低碳 FDI	企业通过股权和或非股权方式投资，使得其所从事生产经营活动的温室气体排放量明显低于商业环境下的业内水平。
OECD 界定和衡量绿色 FDI（2011）	绿色 FDI	1. EGS 中的 FDI； 2. 缓解环境损害过程中的 FDI，即使用更清洁及更节能的技术。
OECD 投资政策框架（2015）	绿色 FDI	1. 绿色基础设施或现有基础设施的绿化； 2. 自然资源和服务的可持续管理； 3. 环境货物和服务部门和跨绿色价值链的活动。

资料来源：Lise Johnson. Green Foreign Direct Investment in Developing Countries. 2017.

---

① UNCTAD（2008）. Creating an Institutional Environment Conducive to Increased Foreign Investment and Sustainable Development - Note by the UNCTAD Secretariat. Page4.
UNCTAD（2010）. World Investment Report 2010 - Investing in a Low-carbon Economy. https://unctad.org/en/Docs/wir2010_en.pdf.

OECD 组织对绿色投资（Green Investment）的定义包括三个层面：一是绿色基础设施和现有基础设施的绿化，二是自然资源的可持续管理以及其提供的服务，三是环境商品和服务部门内以及整个绿色价值链的活动。

为了增加绿色 FDI，母国、东道国以及有关国际组织正在积极采取行动，但仍处于起步阶段。如母国通过提供旨在解决与此类项目特别相关的风险保险产品，或将其资金的全部或部分用于符合条件的绿色项目，以促进绿色 FDI。东道国通过投资政策、战略和工具以实现与环境和气候变化有关的目标和承诺。此外，一些国际组织如多边开发银行帮助企业克服发展中国家吸引绿色 FDI 的障碍。

第二节

国际直接投资与绿色发展的内在联系

一、主要分析框架

国际直接投资涉及方方面面，企业在不同东道国的投资区位选择形成了国家间复杂的投资网络，企业在东道国的投资相对聚集形成产业园区，并受金融、贸易等政策影响。这些内容都与东道国的绿色发展具有关联。上节研究讨论了绿色发展的内涵和实现路径。推动绿色发展需要实行严格的环境规制，将对国际投资的区位选择产生影响，更少排放实现经济增长，跨国公司投资形成的产业园区需要绿色化以符合绿色发展的要求，促进东道国发展绿色投资，需要绿色金融、绿色贸易等政策支撑。

总之，国际直接投资与绿色发展在多方面有关联，图 3-1 展示了国际直接投资与绿色发展的分析框架。国际直接投资与绿色发展的内在关联可以聚焦到三个方面的问题：一是在微观层面，跨国公司投资在不同东道国的区位选择始终存在差异性，而东道国促进绿色发展进一步提升环境规制将可能影响企业投资的区位选择，这是投资适应东道国绿色发展要求的应有之义。二是在宏观层面，随着国家间经济开放程度的提升，国际直接投资的环境影响问题主要集中在整体上是否加重东道国的环境排放，这与东道国以更少排放支持经济发展息息相关，也反映是否应持续吸引这类国际直接投资。三是在政策层面，国际

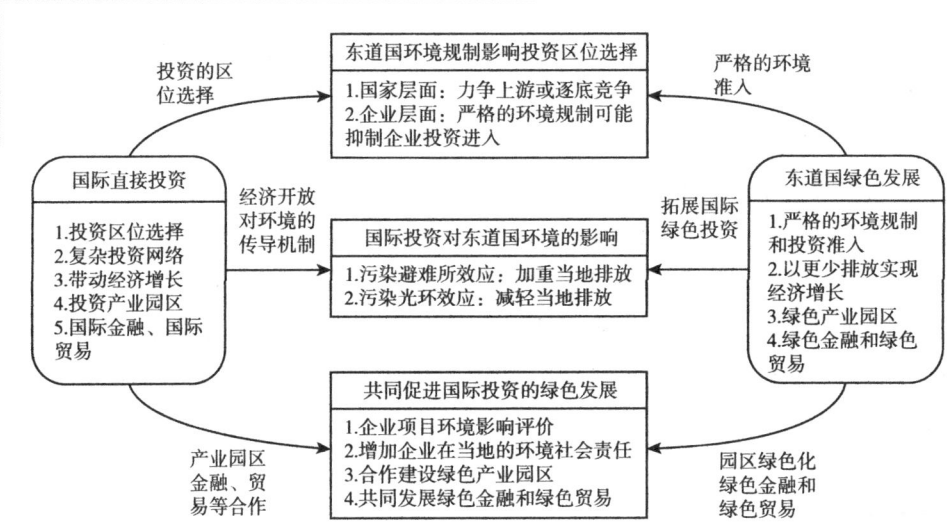

图3-1 国际投资与绿色发展分析框架图

直接投资发展所涉及的企业环境社会责任、产业园区建设、与投资相关的金融贸易等政策,都需要母国和东道国加强政府间合作,促进绿色园区、绿色金融、绿色贸易等实施,使绿色发展的理念落实到国际直接投资的相关环节。

对于东道国环境规制影响投资选址、国际投资对东道国环境的影响等问题,需要归纳总结现有理论分析成果,结合现实情况提出研究的问题假设,结合具体实证分析得出研究结论。对于共同促进国际投资的绿色发展问题,需要结合具体实践,开展政策研究。

二、东道国环境规制对企业投资区位选择的影响

国际化公司是投资选址的主体。从选址的动机来看,区位选址决策的目标是效用最大化,但跨国公司投资的区位选择需要根据企业自身的竞争战略来实施(李国平,2000)。有的企业面临国际竞争追求低成本,往往会选择更有利于降低生产成本的区位。有的企业为规避贸易摩擦,扩大市场份额,提高利润规模,需要更加贴近市场,往往选择市场规模更大的区位。这两种策略本质上都是追求利润最大化,取决于企业对预期收益的判断,两种策略需求可能同时存在。跨国公司投资选址策略在不同时期也不尽相同。

东道国的区位特征对企业投资选址的影响受到大量学者关注。东道国各类

区位特征中，不仅是经济因素，还有非经济因素也会对 FDI 具有明显影响。东道国在不同的发展阶段，区位优势在不断变化。区位优势扩大时，企业对其投资的倾向更大。肖光恩（2009）认为，区位优势涉及当地的人力资源、基础设施等环境因素，也与政府提供的政治经济体制等紧密关联，这些因素的不同配置结果形成了东道国的区位优势。但不同国家的区位优势情况差别较大。Carlson（2000）提出交通可达性、土地可得性和成本、人工成本、市场接近性等因素是影响企业区位选择的主要因素。Tocar（2018）认为影响 FDI 选址的因素包括经济因素（如市场规模、通货膨胀、贸易的开放度、劳动成本或工资水平、汇率、经济自由化、不同产业部门的发展等）以及基础设施、技术、制度、政治因素、特定风险、人为因素、法律、空间、创业、文化。

东道国的环境规制可能影响跨国公司投资准入。一般认为，东道国各种规制对吸引投资具有重要影响（Elizabeth Asiedu，2006；Buckley et al.，2007；冀相豹，2014；张瑞良，2018）。其中，与环境规制有关的成本对企业选址的影响受到越来越多的关注。早期研究认为，与劳动力成本等其他业务成本相比，环境规制的成本非常小，因此对企业选址决策的影响有限。Bartik（1988）实证检验发现美国《清洁空气法》对财富 500 强公司新设立制造类分厂选址的影响不大。更普遍的观点则认为环境规制对企业空间选择具有负面影响，环境规制强度与制造业企业进入的数量存在负的相关性，并且这种负的相关关系在高污染行业中的表现尤为明显。随着环境规制逐步成为企业选址的一个重要影响变量，更多学者开始重视环境规制强度与企业选址之间的关系。List 等（2004）认为严格的环境规制对于污染较为密集和非污染密集的企业影响没有显著差异，均会抑制新企业的进入。余珮等（2019）分析了美国各州环境规制对中国 FDI 的影响。汤子玉（2019）分析了环境规制对中国制造业、采矿业等 11 个行业对外直接投资的影响以及环境规制对外直接投资的区位分布。陶禹佑（2019）运用引力模型定量分析了东道国的环境治理对中国企业投资布局选择的影响。

本书关注"一带一路"相关国家的环境规制对来自中国的企业投资是否产生影响。中国对沿线投资项目包括产能输出、工程建设等领域，仍然需要符合当地的环境准入标准。考虑到"一带一路"沿线越来越多国家探索提升绿色发展水平，提升环境规制水平是主要措施，这将对中国企业投资选择产生影响。针对东道国环境规制影响投资选择，提出研究设想如下：

假设1："一带一路"相关的东道国家自身环境规制水平的提高可能抑制中国企业投资进入。

三、国际直接投资对东道国环境影响的传导机制

随着经济全球化向纵深推进，国际分工不断深化，吸引投资日益成为各国发展经济、拉动经济增长的重要手段。Stern 等（1996）指出，经济增长与环境排放的倒 U 型曲线产生的原因可能是国际专业化分工变化而引起的，即欠发达地区可能引进并不清洁的产业或资源密集型产业，而经济较发达国家在不改变消费模式的同时，专门从事清洁生产。这种情况下，环境影响呈现出国际间转移，而总量非减少。规模、结构、技术等"三效应"原则是经济增长对环境质量的影响分析的基本框架。Grossman 和 Krueger（1995）指出经济开放对环境污染有三个不同机制，第一种是规模带来的效应，即经济规模扩大时环境的影响；第二种是结构带来的效应，即改变经济内部组成或产业组成对环境的影响；第三种是技术带来的效应，即技术改进或革新对环境的影响。

规模效应，假设生产活动污染指数不变，经济开放对本国环境所产生的影响。贸易和投资便利化促进了经济发展，如果这种生产行为保持不变，那么所产生的排放将不可避免地提高。经济规模的不断增加会导致消费的增加和生产规模的相应增加。假设生产方式保持不变且人均收入水平较低，投入更多的要素和资源使生产规模增加，必然伴随着有害污染物排放量的增加，最终导致环境恶化（Shao et al., 2016）。因此，一般来说一国环境污染会随着经济总量的增加而增加。经济规模越大，污染越严重，经济规模越小，污染越少。大多数研究认为，规模效应可能对环境质量产生负向的影响关系（Antweiler et al., 2014; Liu et al., 2018），但当经济社会发展到一定程度时，产业结构更加绿色化，技术水平和能力有所提高。此外，公众环保期望的逐步提高，也将促进环境质量的进一步改善（Yang & Liu, 2013）。Wang 和 Chen（2014）认为规模效应在发展中国家更为突出，环境规制的薄弱和不一致，加上地方政府片面追求经济高速增长和竞争效率的低下，导致外商直接投资带来环境负外部性。

结构效应，在一定的生产规模下，国家环境绩效与该国的产业组成存在关联。如果一国的产业结构以污染密集型产业为主，那么环境污染将可能会很大。相反，如果一国产业结构以相对清洁的产业为主，那么将有利于环境污染

减少。国际直接投资对环境的影响也取决于投资的产业分布，如果相当大比例的投资流向了第二产业，并消耗大量的能源，将可能增加环境污染。随着投资和贸易自由化不断深入，各国根据其竞争优势进行专业化生产，由此带来的投资转移的产业分布存在差异，如果转移的都是污染密集型行业，经济开放的结构效应将加大东道国环境污染。因此，经济开放对东道国污染水平的影响取决于东道国污染密集型产业是否扩大。如果各国都根据不同的要素禀赋和技术差异更加专注从事清洁型生产，那么当地污染治理成本较大的行业将退出生产，结构效应对东道国环境的影响将变得不确定。

技术效应，早期的国际直接投资主要在发达国家间展开，国际直接投资更多地是为了利用东道国的技术基础，而不是将源自母国的技术优势扩散到其他国家。比如，美国是重要的技术研发发生国，而日本从与美国的外部研发中获益。经济全球化之后，更多的国际直接投资在发达国家和发展中国家间展开。Pottelsberghe 等（2001）研究表明，外商直接投资具有明显的技术外溢。如果一个国家投资于研发投入较高的国家，其国内生产率也将提高。随着母国向东道国输出国际直接投资的限制放松，投资对东道国技术溢出效应的增加，东道国单位经济产品的污染产出可能发生改变。投资企业将新技术转移到当地，新技术通常比旧技术更清洁，东道国采用更先进的技术生产，单位产出的污染可能会下降。Wang 等（2016）认为国际直接投资对中国产生了技术溢出效应。具体来说，东道国获得母国的先进技术和资源，鼓励生产过程采用新技术，还可以在劳工培训和技能获得方面促进知识转让和新技术应用，从而实现技术从母国向外扩散，产生直接技术效应（Mello，1996）。Glass 等（1998）认为国际直接投资过程中的技术模仿可以缩小技术差距，吸引高质量技术的国际直接投资成为可能。Fosfuri 等（2002）分析跨国公司在培训当地工人后在外国子公司使用先进技术的情况，当外国子公司向受过培训的工人支付更高的工资以防止技术转移到当地竞争对手时，就会产生技术溢出效应。除通过技术创新的合作和跨国交流来转移先进环境技术的直接技术效应外，还有间接的技术效应。投资自由化有利于提高当地收入能力，使东道国对更清洁的环境需求更为强烈。当国际直接投资促进东道国经济增长和财富增加，而对绿色环境的期望增加时，会产生间接的技术效应，并促进清洁技术的引入（Hubler et al.，2010）。

越来越多的研究将东道国环境污染的变化与国际直接投资联系起来

(Letchumanan & Kodama, 2000; Smarzynska & Wei, 2001),最新的研究普遍关注国际直接投资带来的技术溢出可能会导致东道国污染排放的减少,即发生污染光环效应。这种有利于环境的技术溢出的传导渠道有:第一,跨国公司可以有意地选择向东道国当地公司传播环境知识和技术。比如,跨国公司从当地遵守更高环境规定的供应商购买中间产品;第二,跨国公司与当地公司可能存在间接知识转移,比如从跨国公司到东道国当地公司的人员流动;第三,东道国本土公司对跨国公司环境管理措施的参考和借鉴。比如,东道国本土公司可以通过与跨国公司、供应链相关公司、客户主体以及其他竞争公司的各种联系,直接或间接地学习环境知识和经验。

本书关注中国对"一带一路"相关国家投资可能对东道国带来的环境影响。考虑到"一带一路"沿线多为发展中国家,跨国公司一般比当地企业使用更加环保的技术并且可以带动当地企业绿色化,中国企业作为新兴经济体的跨国公司,虽然不完全具备发达国家跨国公司的垄断性优势,但经过多年发展已经积累了较强的技术水平和自身实力,而且中国在推进沿线合作中始终秉持绿色发展,因此中国投资将有利于使沿线相关国家的环境得到改善,体现为污染光环效应。针对国际投资对东道国环境影响的分析,提出研究设想如下:

假设2:中国对"一带一路"相关国家投资将减少东道国环境排放。

四、促进国际直接投资绿色发展的政策措施

国际直接投资过程中,除企业投资行为外,还涉及企业环境社会责任、企业项目环境影响评价、金融支持措施以及相关的贸易投资条款。这些环节的绿色化都有利于实现国际直接投资整体的绿色化。比如,从企业环境社会责任来看,跨国企业在东道国应主动适应环境规制等政策标准,并通过各种方式积极履行社会责任,同时东道国和母国政府间应保持信息互通,为企业提供良好的营商环境。从企业投资项目的环境影响评价看,需要在项目实施前严格实施评估,评估项目可能带来的环境影响,提升东道国绿色发展水平。在产业园区方面,企业投资在产业园区一定程度集聚,而这种空间集聚有利于通过绿色园区建设和绿色产业发展提升减排效率,支持东道国实现更高效率的绿色发展。从金融政策看,绿色金融是各国金融体系发展的重要内容,对符合绿色投资标准的项目提供金融政策支持,将起到非常重要的引导和保障作用。从投资贸易政

策看,在高水平国际投资贸易协定中,都会明确具体的环境条款,对企业投资准入和投资争端解决提供指引。绿色产品的贸易可以延长符合生态环保要求的产业链和供应链。

小　结

国际直接投资和绿色发展都有丰富的内涵,两者在多个层面存在内在联系。本章基于国际直接投资和绿色发展构建了主要分析框架,为后续章节具体研究打下基础。本章首先分析了绿色发展的内涵和实现路径。绿色发展与可持续发展、绿色增长、绿色经济、循环经济等具有较强的关联性。国内学者从不同角度定义了其内涵,概括起来,绿色发展就是以更小的排放实现经济发展,促进经济增长摆脱对于高排放、高资源消耗的依赖,从而促进经济增长与环境排放的"解耦"。实现绿色发展需要使投资涉及的各环节都更加绿色化,包括吸引更小排放的投资、更严格的环境准入、企业项目环评、建设绿色产业园区、发展绿色金融和绿色贸易等。绿色 FDI 应有利于环境保护以及避免对环境或气候造成负面影响。尽管对绿色投资的范围内涵不明确,但绿色投资的理念正在逐步兴起。

国际投资有助于带动东道国经济增长,企业在不同东道国的投资选址,又形成了国家间复杂的投资网络。本章研究了国际投资与绿色发展的分析框架图,两者内在关联可以聚焦于东道国环境规制影响投资选址、投资对东道国环境的影响、共同促进国际投资的绿色发展等三方面问题:

一是在微观层面的东道国环境规制影响投资选址问题。跨国公司投资在不同东道国的区位选择存在差异性。东道国促进绿色发展,进一步提升环境规制将可能影响企业投资的区位选择,这是企业投资适应东道国绿色发展要求的应有之义。东道国影响 FDI 区位选择的因素众多,既包括市场规模容量、劳动等要素成本、基础设施能力和条件等,也包括环境规制等政策因素。东道国的环境规制可能影响跨国公司投资准入。本书研究假设"一带一路"沿线东道国环境规制水平的提高可能抑制中国企业投资进入,后续通过实证方法开展研究。

二是在宏观层面的国际投资对东道国环境的影响问题。随着国家间经济开放程度的提升,国际投资的环境影响问题主要集中在整体上是否加重东道国的环境排放，这与东道国以更少排放支持经济发展息息相关，也反映是否应持续吸引这种国际直接投资。经济增长和经济开放可以通过规模、结构、技术等效应影响环境排放。国际投资对东道国带来的技术溢出可能会导致东道国污染排放的减少，即发生污染光环效应。考虑到跨国公司一般比当地企业更加环保并可以带动当地企业绿色化，而且中国在推进"一带一路"建设中注重绿色发展，因此本书研究假设中国对"一带一路"沿线投资将减少东道国环境排放，后续通过实证方法开展研究。

三是在政策层面的促进国际投资绿色发展问题。国际投资在东道国发展涉及企业环境社会责任、产业园区建设、与投资相关的金融、贸易等政策，都需要母国和东道国加强政府间合作，促进绿色园区、绿色金融、绿色贸易等实施，使绿色发展的理念落实到国际投资相关的各个环节，后续结合具体实践开展政策研究。

第四章

"一带一路"沿线国家（地区）投资现状分析

本章首先对"一带一路"沿线64国（地区）吸引国际直接投资的情况进行了描述性分析，进一步分析了中国对64国（地区）（China Direct Investment，CDI）的空间分布、产业分布特征，展示了中国与64国（地区）所构成的投资网络，并分析了网络的结构特征。

第一节 "一带一路"沿线国家（地区）国际直接投资分析

"一带一路"倡议的提出使得将沿线国家（地区）作为一个整体进行研究成为可能。"一带一路"沿线64国（地区）在全球FDI中扮演的角色日益重要，其中部分经济体如新加坡、俄罗斯、印度等在吸引FDI和对外直接投资方面均表现亮眼，但"一带一路"沿线各国（地区）由于发展水平、生产要素的分布、市场规模、营商环境等存在较大差异，所以在吸引FDI和对外直接投资方面表现出较大差异。

一、FDI流量特征分析

（一）FDI流入流量特征

"一带一路"沿线64国（地区）在全球FDI中的作用越来越重要。1990年，64国（地区）的FDI流入流量仅155.1亿美元，到2019年达到3684.7亿美元，年均增长率达11.5%；FDI流入流量占全球FDI的比重从1990年的7.6%上升2019年的23.9%，其中2000年占比最低仅为5%，2004年以来稳定在20%以上，2008年占比一度达到26.6%。虽然64国（地区）FDI流入流量增长较快，但以2019年为例在全球占比仍不及欧盟（EU28，占比29%）[①]。

如图4-1所示，2019年FDI流入流量前十五的国家[②]中，新加坡排名第一，且历年排名相对稳定。新加坡也是唯一跻身全球前十的东南亚经济体。流入新加坡的投资主要集中在资本密集型制造业。新加坡FDI流入流量长期保持较高水平，2007年突破400亿美元，但在1998年、2002年、2008年出现较大下滑，2019年流入流量达到776亿美元。世界银行的有关研究表明政治稳定、安全和监管环境是影响一国吸引外国直接投资的主要因素。新加坡是亚太地区重要航运中心和金融中心，营商环境长期以来一直居于全球领先地位[③]，这对于该国吸引FDI具有重要作用。印度FDI流入流量在2000年之前还远不及波兰、马来西亚和以色列，2005年起开始快速增长，2008年突破400亿美元，2008年后流入印度的FDI震荡下降，2019年为505.5亿美元。印度FDI流入流量的增长，归功于该国投资政策的改革，提高FDI的持股比例，改革后国防和铁路基础设施等行业允许外国企业拥有100%的股权外，促进煤矿等领域的开采进一步商业化等。俄罗斯FDI流入流量从2005起大幅增长，到2008年达到峰值（758.6亿美元），这一规模甚至超过了当年新加坡、印度吸引FDI的规模，但之后震荡下降，2019年FDI流入流量不到峰值时的一半（317.4亿美元）。俄罗斯FDI流入流量下降主要是受到国际政治环境、石油价格低迷等的影响。印度尼西亚FDI流入流量波动较大，2000年前后曾一度出现撤资，2016年以来FDI流入流量持续上涨，2019年达到历史峰值为234亿美元。印度尼西亚是东盟最大的经济体，2016年以来该国大幅放宽外商直接投资限制，允许外资在通信业和卫生保健业等持有多数股份，这些都对该国FDI的流入产生了作用。以色列FDI流入流量从2009年以来总体呈现上升趋势，其中2014

---

① 本节FDI数据来源于UNCTAD。
② 新加坡（920.8亿美元）、印度（505.5亿美元）、俄罗斯（317.6亿美元）、印度尼西亚（234.3亿美元）、以色列（182.2亿美元）、越南（161.2亿美元）、阿联酋（137.9亿美元）、波兰（132.2亿美元）、埃及（90.1亿美元）、土耳其（84.3亿美元）、马来西亚（76.5亿美元）、捷克（75.8亿美元）、罗马尼亚（59.7亿美元）、匈牙利（52.0亿美元）、菲律宾（50.0亿美元）。
③ 2021年世界银行发布的营商环境排名，新加坡在190个经济体中位列第二。美国传统基金会（Heritage Foundation）发布的2021年全球经济自由度指数（Index of Economic Freedom World Rankings）排名，新加坡连续三年位列第一。科尔尼全球商业政策委员会（A. T. Kearney's Global Business Policy Council）发布的2021年外商直接投资信心指数中，新加坡位列16。

年出现大幅回落,从规模来看由 2009 年的 46.1 亿美元增加到 2018 年的 207.9 亿美元,2019 年小幅回落为 182 亿美元。以色列发达的科技实力吸引了大量 FDI,其中流向工业制造业、信息科技产业等领域的 FDI 占比较高。

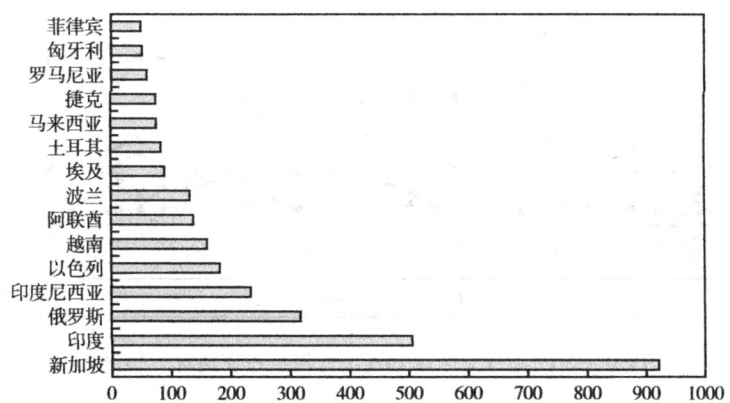

图 4-1 2019 年 64 国(地区)中 FDI 流入流量前十五位国家(单位:亿美元)

注:根据 UNCTAD 数据整理绘制。

将 64 个国家(地区)按照其所在地区进行进一步划分后,对六个地区进行比较分析。图 4-2、图 4-3 分别展示了六个地区 FDI 流入流量及其占比。从 FDI 流入流量来看,这六个地区都在 2008 年前后达到了一次峰值,除东南

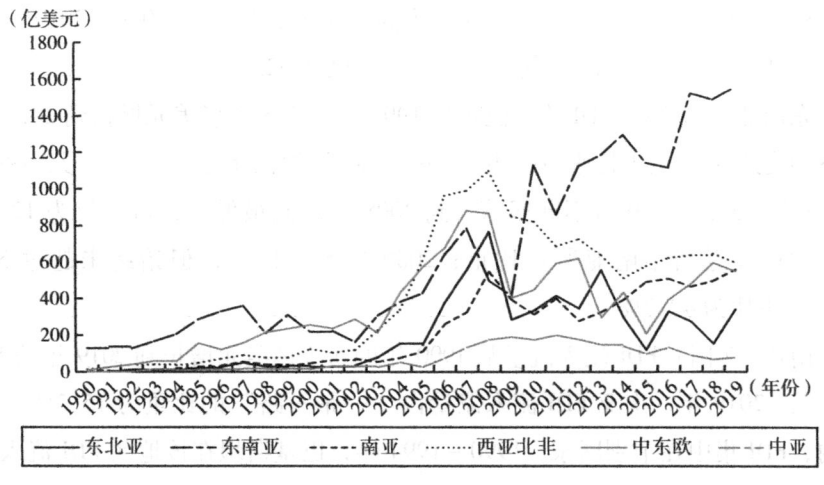

图 4-2 1990~2019 年六大区域 FDI 流入流量变化趋势

注:根据 UNCTAD 数据整理绘制。

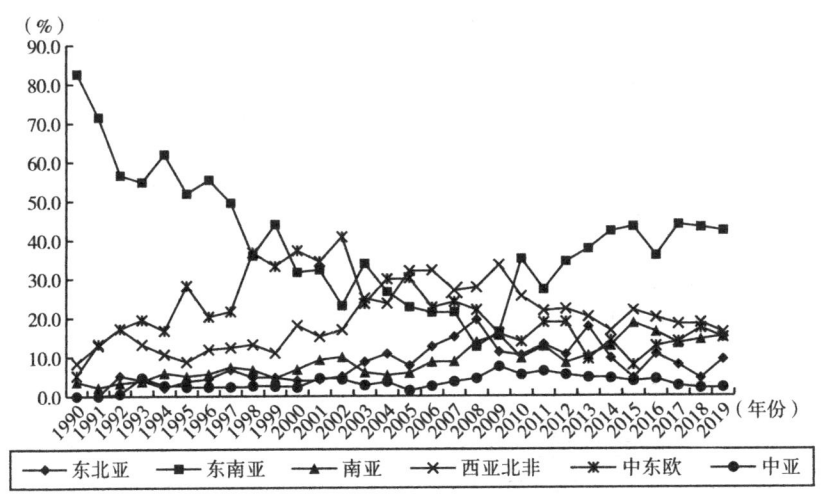

图 4-3 1990~2019 年六大区域 FDI 流入流量占比情况（地区）比重情况

注：根据 UNCTAD 数据整理绘制。

亚、中亚外，其他地区此后再未突破这一高点。从占比来看，1999 年之前东南亚占有绝对优势，2000~2009 年，西亚北非、中东欧、东南亚三个地区在沿线所占比重较高，2010 年至今东南亚的表现一枝独秀，西亚北非、南亚、中东欧占比在 10%~20% 波动。

东北亚（2 国）FDI 流入流量从 1991 年的 0.1 亿美元，增长到 2019 年的 341.8 亿美元，占"一带一路"的比重高于中亚，但不到 10%。2019 年，俄罗斯 FDI 流入流量为 317.4 亿美元，占该地区的 92.9%。

东南亚（11 国）FDI 流入流量从 1990 年的 128.2 亿美元增长到 2019 年的 1558.0 亿美元。从占比来看，占"一带一路"的比重呈"V"字形，1990 年一度达到 83.5%，其后不断回落，到 2008 年跌到最低点，占比仅为 12.5%，这一比重接近当年南亚所占比重；2009 年有所回升，但始终未超过 50%；2019 年占比为 42.3%。

南亚（7 国）FDI 流入流量从 1990 年的 5.7 亿美元增长到 2019 年的 558.8 亿美元。2019 年，南亚 FDI 流入流量占"一带一路"的比重为 15.2%。该地区内，FDI 集中在个别国家。1990~1994 年，巴基斯坦在该地区 FDI 流入流量占比最高，1991 年一度达到 64.0%，1995 年之后占比始终未超过 20%，2019 年仅为 4.0%。印度 FDI 流入流量自 1993 年超过巴基斯坦，2019 年印度 FDI

流入流量约505.5亿美元,在该区域占比为90.5%。2019年,该地区FDI流入流量排名第二、第三的为巴基斯坦、孟加拉国,占比分别为4.0%、2.9%。

西亚北非20国(地区)FDI流入流量从1990年的13.1亿美元,增长到2019年597.2亿美元。1990~2000年FDI流入流量较少,2002~2008年增长较快,2008年达到峰值(1098.1亿美元),随后开始下降,2016~2018年有所回升(均在600亿美元以上)。西亚北非FDI流入流量占"一带一路"的比重在2006年、2009年一度超过30%。对该地区FDI流入流量排名前4的国家进行观察可以发现:以色列占该地区的比重在2000年达到峰值为56.2%,之后震荡下降,2009年占比最低仅为5.4%,随后缓慢回升,2019年FDI流入流量为182.2亿美元,占比为30.5%。阿联酋1990~2000年FDI流入流量较小,年均不足2亿美元,1999~2000年一度出现了撤资,2002~2007年增长较快,并达到峰值141.9亿美元,2008~2009年出现断崖式下降,2009年仅为11.3亿美元,近三年来逐步回暖,2019年达到137.9亿美元。埃及FDI流入流量1990~2003年年均不足20亿美元,2006~2008年年均突破100亿美元,近三年有所回升从2017年74亿美元增长到2019年90.1亿美元,埃及FDI流入流量在本地区的占比最高达56.2%(1990年),之后基本在10%左右波动。土耳其2018年的FDI流入流量为129.4,占该地区的比重在1991年达到峰值(53.4%),2018年占比为20%。

中东欧(19国)FDI流入流量从1990年的6.5亿美元,增长到2019年的548.9亿美元。从占比来看,中东欧FDI流入流量占"一带一路"的比重在2002年达到峰值(40.8%),之后呈震荡下跌,2015年占比仅为8%,之后有所回升,到2019年占比达到14.9%。2019年,该地区FDI流入流量排名第一的是波兰。近年来,捷克FDI流入流量相对较高,2016年占该地区的24.9%,近三年有所回落,从2017年的19.8%降至2019年13.8%。2016~2019年,罗马尼亚FDI流入流量在该地区的占比一直在10%左右。1990年,匈牙利流入流量在该地区的占比一度高达68.3%,但之后持续下降,2015~2016年一度出现撤资。马其顿FDI流入流量最小,2019年仅为3.7亿美元。

中亚(5国)FDI流入流量从1992年的1.2亿美元,增长到2019年80.0亿美元。中亚FDI流入流量在"一带一路"沿线所占比重最低,历年均在8%以下,2019年占比仅为2.2%。根据《营商环境报告》中具体指标来看,施工许可、电力供应、纳税和跨境贸易等是外资企业进入中亚的主要制约因素。哈萨克斯坦 FDI 流入流量在该地区的占比一度高达 91.4%，但近年来有所下降，2018 年为 39.0%。乌兹别克斯坦 2015 年以来 FDI 流入流量在该地区占比均在 10%，2019 年达到 28.6%。土库曼斯坦 FDI 流入流量从 2009 年大幅增长，占比也一度达到 30.9%（2012 年），2019 年 FDI 流入流量为 22.9 亿美元，在该地区占比为 27.1%。

（二）FDI 流出流量特征

64 国家（地区）的 FDI 流出流量规模不大，2019 年仅为 1492.4 亿美元，1990~2019 年年均增长率 16.6%。分阶段来看，1990~2002 年之前流出流量较少，仅 2001 年达 268.7 亿美元，其余年份均不到 200 亿美元；2003~2016 年增长较快，从 220.4 亿美元增长到 1417.0 亿美元，年均增长率为 15.4%。图 4-4 展示了 2019 年 FDI 流出流量前十五位的国家①。新加坡 FDI 流出流量于 2015 年达到峰值突破 500 亿美元，为 524.8 亿美元，近三年来流量较 2015 年有所回落。俄罗斯 FDI 流出流量在 2006 年突破 500 亿美元，2011 年达到 706.8 亿美元，之后明显下降。沙特阿拉伯 FDI 流出流量在 2007 年前较少，2008 年也仅为 35.0 亿美元，之后缓慢增长，2018 年达到 230.0 亿美元。印度

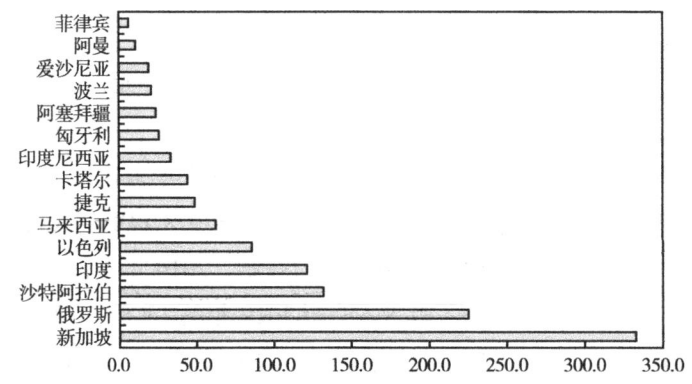

图 4-4　2019 年 64 国（地区）中 FDI 流出流量前十五位国家（单位：亿美元）

注：根据 UNCTAD 数据整理绘制。

---

① 新加坡（332.8 亿美元）、俄罗斯（225.3 亿美元）、沙特阿拉伯（131.9 亿美元）、印度（121.0 亿美元）、以色列（85.7 亿美元）、马来西亚（63.0 亿美元）、捷克（49.2 亿美元）、卡塔尔（44.5 亿美元）、印度尼西亚（33.8 亿美元）、匈牙利（26.3 亿美元）、阿塞拜疆（24.3 亿美元）、波兰（21.3 亿美元）、爱沙尼亚（19.7 亿美元）、阿曼（11.2 亿美元）、菲律宾（6.6 亿美元）。

FDI流出流量2000年前年均不足1亿美元，2008年为211.4亿美元，近三年年均120亿美元左右。以色列FDI流出流量在2003年之前年均不到40亿美元，2006达到154.3亿美元，之后震荡下降。

将64个国家（地区）按照其所在的地区进行分类，并进行进一步分析。图4-5展示了按照地区划分的FDI流出流量情况。东南亚、东北亚、西亚北非FDI流出流量位居前三。从规模来看，中亚、中东欧、南亚均不足200亿美元。东南亚FDI流出流量2006年以来在600亿美元上下波动，仅个别年份超过800亿美元（2013年为819.0亿美元，2014年为890.5亿美元），2019年仅560.4亿美元。2013年以来，东北亚FDI流出流量在500亿美元左右波动，2016年后未超过400亿美元。

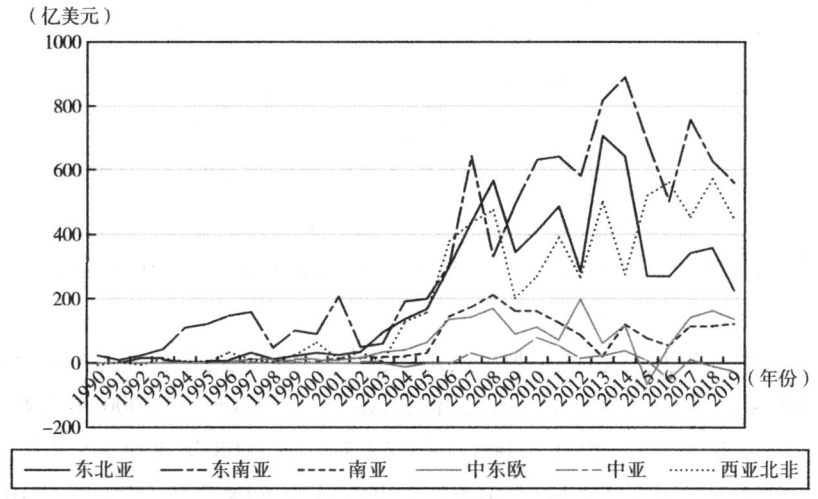

图4-5　1990~2019年六大区域FDI流出流量变化趋势

注：根据UNCTAD数据整理绘制。

东北亚（2国）FDI流出流量从1992年的15.7亿美元增长到2019年的226.6亿美元。1990~2002年，该地区FDI流出流量较小，2001年仅为25.0亿，2008年出现第一次高峰为567.4亿美元，2013年突破700亿美元后呈现下降趋势。俄罗斯FDI流出流量占该地区的99%以上。

东南亚（11国）FDI流出流量2004年以前在200亿美元以下，2005年后波动上升，2014年出现峰值（890亿美元），近三年来呈现下降趋势，由2017年的758.6亿美元降至2019年的560.4亿美元。该地区内，新加坡FDI流出流量最大，2014 年达到峰值为 524.8 亿美元，近三年来略有下降，2018 年仅为 297.6 亿美元，2019 年有所回升达到 332.8 亿美元；从占比来看，2001 年 FDI 流出流量占该地区的比重一度达到 97.3%，2008 年占比最小仅为 24%。泰国 FDI 流出流量在 2006 年前在 10 亿美元以下波动，2007 年后流出流量大幅增加，2012 年突破 100 亿美元，2018 年达到峰值为 184.4 亿美元，2015 年、2019 年流出流量下降明显。泰国 FDI 流出流量占该地区的比重波动较大，2004 年最低仅为 0.4%，2018 年占比最高为 29.3%。印度尼西亚 FDI 流出流量一直未超过 100 亿美元，2018 年为最大值 80.5 亿美元，2016 年一度出现 FDI 撤回（122.1 亿美元）；从占比来看，1992～1994 年，占比一度高达 29.9%，但此后大幅下降，占比始终未超过 17.8%。

南亚（7 国）FDI 流出流量从 1990 年的 0.1 亿美元增长到 2019 年 121.7 亿美元。1990～1999 年，南亚 FDI 流出流量较少，历年均低于 1.3%。2000 年之后增长较快，2008 年突破 200 亿美元，但此后大幅回落，2013 年 FDI 流出流量仅 19.9 亿美元；近三年来波动较小，流出流量在 120 亿美元上下。该地区，印度的 FDI 流出流量规模最大，几乎可以代表整个地区。2000～2008 年，印度 FDI 流出流量呈上升趋势，2008 年达到 211.4 亿美元；2009～2013 年呈下降趋势，2013 年 FDI 流出流量仅 16.8 亿美元；2014～2019 年震荡回升，2019 年流出流量为 121.0 亿美元。

西亚北非 20 国（地区）FDI 流出流量从 1991 年的 2 亿美元增长到 2019 年的 448.4 亿美元。2003 年之前流出流量始终处于低位，仅 2000 年突破 50 亿美元（63.2 亿美元）；2004～2008 年持续上涨，到 2008 年达到 475.7 亿美元；2009～2019 年，波动式上升，2019 年流出规模与 2008 年大致相当。2019 年，该地区阿联酋 FDI 流出流量规模最大。阿联酋 FDI 流出流量从 2002 年起开始快速上升，2008 年达到 158.2 亿美元，但 2010 年又回落至 2002 年水平流出规模仅 20 亿美元，2015 年达到峰值为 167.0 亿美元，2019 年有微小下降为 159.0 亿美元。2019 年，沙特阿拉伯的 FDI 流出流量仅次于阿联酋，为 131.9 亿美元，沙特阿拉伯的 FDI 流出流量在 2018 年达到历史峰值为 230.0 亿美元，但从历史上看，该国的 FDI 流出流量增长较为缓慢，2017 年之前一直未超过 73 亿美元。

中东欧（19 国）FDI 流出流量 2002 年突破 15 亿美元，到 2008 年（169.4 亿美元）一直处于上升阶段；2012 年出现峰值为 199.3 亿美元，近三年在 150

亿美元上下波动，2019年规模为136.5亿美元。2019年，捷克FDI流出流量在该地区列首位，流出规模为49.2亿美元，占该地区的36%。1992~1995年捷克FDI流出流量占到该地区一半；1996~2012年占比在20%以下，2016~2019年占比回升到40%上下。波兰FDI流出流量仅在个别年份较高，如2016年达到116.0亿美元，其他年份流出不足40亿美元。匈牙利2012年FDI流出流量超过100亿美元，2018年为历史上的第二峰值50.7亿美元，2019年回落到26.3亿美元；从在该地区的占比来看，2000~2003年，2011~2012年一度超过50%。

中亚5国中哈萨克斯坦FDI流出流量最大，2007年达到78.9亿美元，其他国家FDI流出流量规模不大。

二、FDI存量特征分析

1990~2019年，64国（地区）FDI流入存量从1151.4亿美元上升到60094.2亿美元，年均增长率为14.6%。

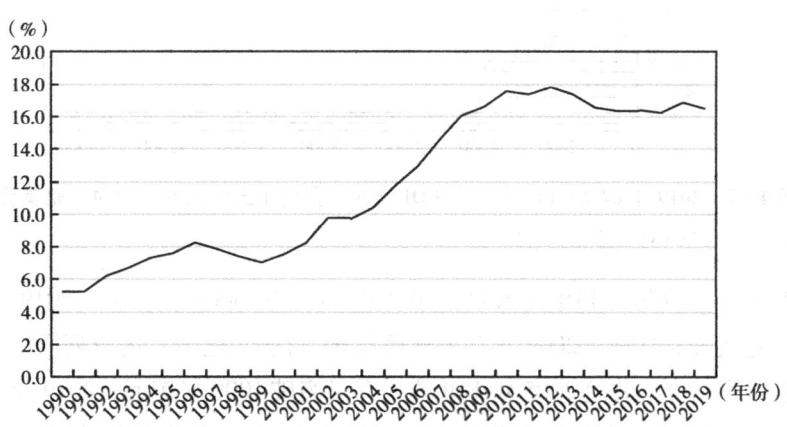

图4-6　1990~2019年64国（地区）FDI流入存量占全球比重

注：根据UNCTAD数据整理绘制。

如图4-6所示，FDI流入存量占全球的比重从1990年的5.2%提升到2019年的16.5%，1990~2003年，占比一直未超过10%；2004年以后占比稳步提升，到2012年达到历史峰值，为17.8%；但随后几年占比大幅回落，2015年降为16.4%，2019年为16.5%。

如图4-7所示,从国别来看,截至2019年该区域的FDI流入存量排名前15的国家①中,存量规模均超过1000亿美元。2019年,新加坡FDI流入存量是位列第2的俄罗斯的3.7倍。将64个国家(地区)按照其所在的地区进行分类并进一步分析。如图4-8所示,六个地区的FDI流入存量差距较大:

东南亚(11国)FDI流入存量于2006年突破5000亿美元,2019年达到2.7万亿美元。该地区,新加坡FDI流入存量最大,2014年突破1万亿美元,2019年达到1.7万亿美元。泰国2009年突破1000亿美元,2019年达到2544.2亿美元。印度尼西亚2009年突破1000亿美元,2019年达到2326.1亿美元。

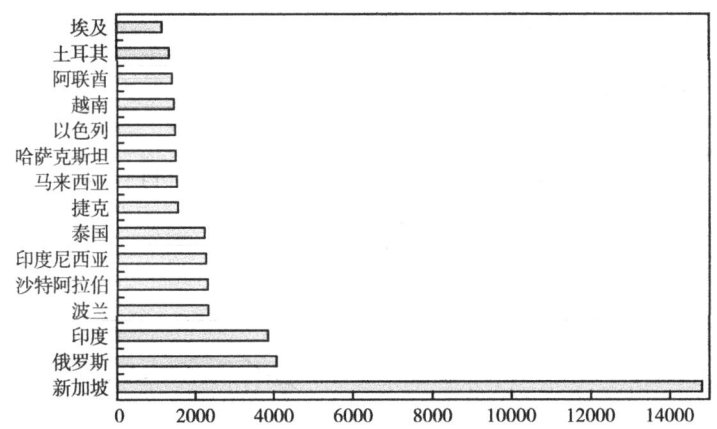

图4-7 2019年64国(地区)中FDI流入存量前十五位国家(单位:亿美元)
注:根据UNCTAD数据整理绘制。

中东欧(19国)FDI流入存量于2007年突破6000亿美元,2019年达到9439.4亿美元;1990~2009年存量规模在64国家(地区)内位列第二,2010年后退居第三位。波兰2005年FDI流入存量突破1000亿美元,2019年存量达到2365.1亿美元。克罗地亚FDI流入存量于2004年突破1000亿美元,2019年达到1706.8亿美元。匈牙利FDI流入存量也于2004年突破1000亿美元,2019年达到978.4亿美元。

西亚北非20国(地区)FDI流入存量于2008年突破5000亿美元,2019

---

① 新加坡(14810.3亿美元)、俄罗斯、印度、波兰、沙特阿拉伯、印度尼西亚、泰国、捷克、马来西亚、哈萨克斯坦、以色列、越南、阿联酋、土耳其、埃及。

年达到1.2万亿美元。其中，沙特阿拉伯FDI流入存量在1990~2004年增长较慢，2004年仅为204.5亿美元，2008年超过1000亿美元，2019年达到2361.7亿美元。以色列FDI流入存量于2015年超过1000亿美元，2019年达到1662.3亿美元。1990~2002年土耳其FDI流入存量规模较小，2002年仅为188.3亿美元，2019年达到1649.1亿美元。

南亚（7国）FDI流入存量一直未突破5000亿美元，2006年起增速加快，2006~2018年年均增速为14.3%，2019年达到4979.8亿美元。印度FDI流入存量2005年前增长较慢，2007年突破1000亿美元，2019年达到4269.3亿美元。孟加拉国FDI流入存量于2014年才突破100.3亿美元，2019年为163.8亿美元。巴基斯坦FDI流入存量2007年突破200亿美元，2019年为348.0亿美元。

东北亚（2国）FDI流入存量未突破5000亿美元，2019年存量为4864.2亿美元。俄罗斯2001年FDI流入存量达到1202.0亿美元，2019年存量达4638.6亿美元。

中亚（5国）FDI流入存量最低，2019年FDI流入存量为2057.1亿美元。该地区，哈萨克斯坦FDI流入存量最大，2008年突破500亿美元，2019年达到1493.7亿美元。土库曼斯坦2019年FDI流入存量为381.8亿美元；其他三国均未超过56亿美元。

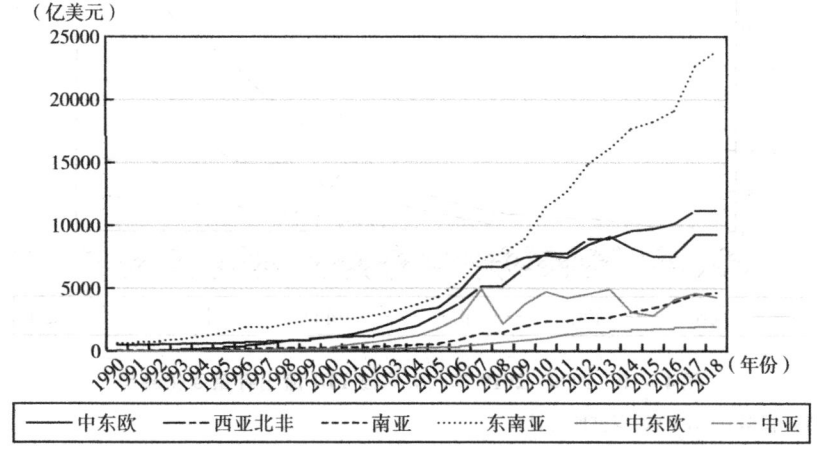

图4-8 1990~2019年六大区域FDI流入存量变化趋势

注：基于UNCTAD数据整理绘制。

如图 4-9 所示，六个地区 FDI 流出存量相对较少，2001 年突破 2%，之后占比不断上升，占全球的比重 2019 年达到 8.2%。2005 年之前六个地区均不到 2000 亿美元。

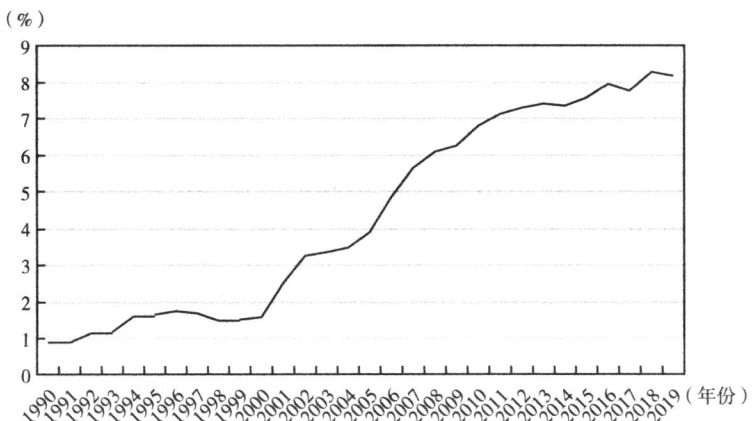

图 4-9　2019 年 64 国（地区）FDI 流出存量占全球比重

注：根据 UNCTAD 数据整理绘制。

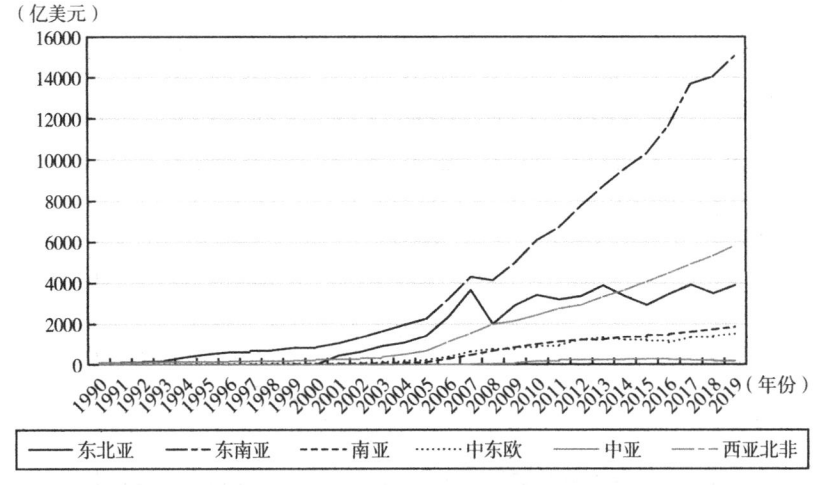

图 4-10　1990~2019 年六大区域 FDI 流出存量变化趋势

注：根据 UNCTAD 数据整理绘制。

如图 4-10 所示，从 FDI 流出存量规模来看，东南亚 FDI 流出存量 2007 年以后大幅增长，并进一步拉开与其他五个区域距离，2015 年突破 1 万亿美元，2019年流出存量达到15060.6亿美元。2019年中亚FDI存量为159.6亿美元，东北亚为3872.9亿美元，南亚为1837.4亿美元，中东欧1495.2亿美元，西亚北非为28236.7亿美元。从六个地区的占比来看，1990年东南亚、西亚北非平分秋色。1995~1999年，东南亚占比一直保持在75%，但此后开始下降，到2007年占比仅为40.6%；2008~2019年占比回升，2019年达到53.3%。西亚北非占比自1990持续下降，到2003年达到历史低点占比仅为11.9%，此后有所回升，但未超21%（2008年为20.7%），2019年占比为20.6%。东北亚的占比在2007年达到历史峰值为34.5%，但此后不断下降，2019年占比为13.7%。中亚和中东欧、南亚的占比均不到10%。

第二节　中国对"一带一路"投资的现状分析

一、中国对"一带一路"直接投资的总体分析

发展"一带一路"对中国投资产生长期、重要影响。近年来，随着中国与沿线国家合作的持续深化，中国在相关国家投资规模持续上升，增速较快，但空间布局上不同地区存在较大差异。

（一）CDI流量情况

表4-1展示了2003年以来，中国对64国（地区）的直接投资流量（China Direct Investment，CDI）情况。

从表4-1中可以看出CDI稳步增长，并且增速高于中国总体对外直接投资增速。整体上可以划分为三个阶段。国际金融危机前，2003~2007年，CDI流量年均增速为103.65%。国际金融危机到"一带一路"提出期间，2008~2013年，CDI流量年均增速为22.13%。"一带一路"提出后，2013~2019年，CDI流量从126.59亿美元增加到186.91亿美元，在每年较高的投资流量下，仍然持续稳定增长，年均增速为7%。

2019年，CDI在中国对外直接投资流量中所占比重达到13.65%，从历史

上看2012年占比一度达到15.17%[①]。

表4-1　　2003~2019年中国对"一带一路"沿线国家（地区）投资流量情况

年份	中国对沿线相关国家投资流量（亿美元）	中国对外投资总体流量（亿美元）	占比（%）
2003	2.02	28.55	7.07
2004	4.31	54.98	7.85
2005	7.77	122.61	6.33
2006	12.72	176.34	7.22
2007	34.71	265.06	13.09
2008	46.60	559.07	8.33
2009	45.28	565.29	8.01
2010	81.66	688.11	11.87
2011	99.29	746.54	13.30
2012	133.22	878.04	15.17
2013	126.59	1078.44	11.74
2014	136.56	1231.20	11.09
2015	189.29	1456.67	12.99
2016	153.40	1961.49	7.82
2017	208.65	1582.88	13.18
2018	178.86	1430.37	12.50
2019	186.91	1369.08	13.65

注：根据历年《中国对外直接外投统计公报》整理而成。

（二）CDI存量情况

从存量规模来看，如图4-11所示，CDI从2003年的13.17亿美元增加到2019年的1794.66亿美元，占当年中国FDI存量的比重从3.96%上升的8.16%，其中2013年占比最高为10.90%。

[①] 本节FDI数据来源于《中国对外直接外投统计公报》。

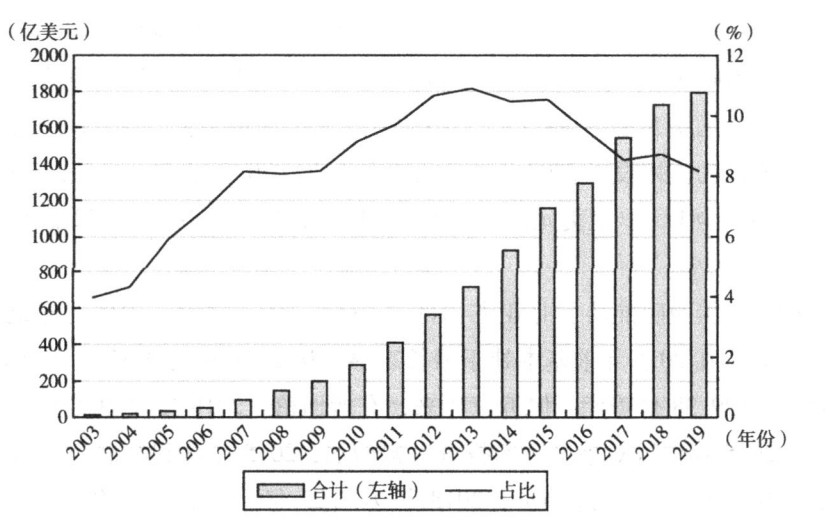

图 4-11 2003~2019 年中国对"一带一路"沿线国家(地区)投资存量情况

注:根据《中国对外直接外投统计公报》数据整理绘制。

二、中国对"一带一路"直接投资的区域分布

中国对"一带一路"相关国家的投资区域差异较大,这主要是随着中国与沿线国家合作深入推进,企业投资呈现出从周边向外围推进,同时东道国的制度、营商环境等以及企业投资战略有着密切关系。

如表 4-2 所示,东南亚 11 国承接规模最大,2019 年占中国对 64 国(地区)直接投资的 65.59%。其中,中国在东南亚的投资又相对集中在新加坡、印度尼西亚、老挝。中国对新加坡的投资在 2015 年达到峰值为 104.52 亿美元。2018 年,新加坡承接中国的直接投资下降为 64.11 亿美元,占当年中国对东南亚投资的 46.82%。2019 年为 48.26 亿美元。2011~2016 年,马来西亚承接中国的直接投资增长较快,年均增长率为 55.58%。2016~2019 年,马来西亚承接中国投资略微下降,从 18.30 亿美元,下降到 11.10 亿美元,承接投资占东南亚承接中国直接投资的比重有所下降,分别为 17.80%、12.20%、12.14%、8.53%。印度尼西亚 2010 年以来承接中国直接投资增长较快,年均增长率为 32.08%,近两年增长较快,2018 年承接额为 18.65 亿美元,占当年中国对东南亚直接投资的 13.62%;2019 年为 22.23 亿美元,占比为 17.09%。

中国对老挝的投资有两个阶段增长较快,第一个阶段是2008~2014年,年均增长率为50.89%;第二个阶段为2016~2018年,从3.28亿美元增加到12.42亿美元,年均增长率为94.7%。2019年有一定幅度下降,为11.49亿美元。中国对泰国的直接投资2009年前较低,历年均在0.5亿美元以下;2016年达到小的高峰为11.21亿美元,近两年有所回升,2019年达到13.72亿美元,同比增长86.07%。

随着中国明确推动东北亚方向的"一带一路"建设,中国对东北亚(2国)的投资在2015年前基本处于增长态势,从2003年的0.35亿美元增加到2015年的29.38亿美元,但近三年来,有所回落,2018年仅为2.68亿美元。2013~2015年中国对俄罗斯的投资大幅增加,2015年达到峰值为29.61亿美元,2016年以来呈下降趋势,2018年为7.25亿美元,2019年为-3.79亿美元。

表4-2　2003~2019年中国对"一带一路"六大区域投资流量情况　单位:亿美元

年份	东北亚	东南亚	南亚	中亚	西亚北非	中东欧	合计
2003	0.35	1.19	0.11	0.06	0.23	0.07	2.02
2004	1.17	1.92	0.04	0.14	0.98	0.05	4.30
2005	2.56	1.48	0.16	1.10	2.40	0.07	7.77
2006	5.35	3.36	-0.51	0.82	3.50	0.21	12.72
2007	6.74	9.68	9.36	3.77	4.79	0.37	34.71
2008	6.34	24.84	3.81	6.56	4.62	0.42	46.60
2009	6.25	26.98	0.62	3.45	7.57	0.41	45.28
2010	7.62	44.05	4.15	5.80	15.65	4.39	81.66
2011	11.67	59.05	6.13	4.54	16.50	1.39	99.29
2012	16.89	61.00	4.23	33.77	15.35	1.98	133.22
2013	14.11	72.67	4.64	11.24	22.52	1.40	126.58
2014	11.36	78.09	14.87	5.51	23.90	2.73	136.46
2015	29.38	146.04	11.54	-23.26	23.09	2.17	188.95
2016	13.72	102.79	6.91	10.74	16.14	2.55	152.84
2017	15.21	141.19	10.81	22.60	13.49	5.16	208.46
2018	2.68	136.94	6.09	6.67	19.58	7.00	178.96
2019	-2.51	130.07	17.79	5.33	28.93	7.30	186.91

注:根据历年《中国对外直接外投统计公报》整理而成。

西亚北非地区,既有能源与资本等方面的优势,也有基础设施建设与产业多元化的巨大需求。我国对西亚北非地区投资的增长,既有力支撑了有关国家经济发展、产业结构调整,又对我国的能源保障提供了战略支持。中国对西亚北非20国(地区)的直接投资起点较低,2003年投资流量仅为0.23亿美元,但增长较快,2014年达到峰值为23.90亿美元,2018年为19.58亿美元,占中国对64国(地区)直接投资的10.94%,2019年为28.93亿美元,占中国对64国(地区)直接投资的15.48%。中国对西亚北非地区投资国别相对集中,前五位的国家分别为阿联酋、以色列、沙特阿拉伯、土耳其、埃及。中国对阿联酋的投资波动较大,2013~2015年增长较快,最高时达到12.69亿美元,但在2016年出现了大幅流出,2019年为12.07亿美元。对沙特阿拉伯的投资最高仅为7.79亿美元,2019年为6.54亿美元。对以色列的投资2014~2016年增长较快,从0.53亿美元增加到18.41亿美元,但近年大幅回落,2018年为3.83亿美元,2019年仅1.92亿美元。对埃及的投资2018年最高,为2.22亿美元。

南亚处于"一带一路"海陆交汇核心范围,六条经济走廊中主要位于南亚的有两条。从具体国家来看,马尔代夫、斯里兰卡更是位于印度洋通道上。2014年,中国曾提出未来5年,中国在南亚方向上的投资额可提升至300亿美元。2014年,中国对南亚(7国)的投资为14.87亿美元,存量为78.09亿美元,充分说明中国对南亚的投资有较大的提升空间。近年来中国对南亚(7国)的投资增长相对缓慢,2019年流量为17.79亿美元,存量为108.29亿美元。中国对南亚主要的投资目的地为印度,但印度出于地缘政治考虑,对"一带一路"多有保留,中国对印度的投资流量在2015达到峰值为7.05亿美元,2016年回落明显不足1亿美元。2019年,中国在该地区投资最多的是印度、孟加拉国,投资流量分别为5.35亿美元、3.75亿美元。

中亚是贯通亚欧大陆的交通枢纽,位于丝绸之路经济带北线和中线的交汇点。中国同中亚五国实现战略伙伴关系全覆盖。中国对中亚的投资流量2003年仅0.06亿美元,之后缓慢增长;2012年达到峰值为33.77亿美元,占中国对沿线投资的33.77%;2017年再次出现小高峰为22.60亿美元。中国在该地区的主要的投资目的地为哈萨克斯坦、乌兹别克斯坦、吉尔吉斯斯坦。随着中哈双方互信不断加深,投资的进程相对于中亚其他国家更快。2019年,中国对哈萨克斯坦投资为7.86亿美元,同比增长5.65倍。对乌兹别克斯坦投资

2018年为0.99亿美元（占当年对该地区投资的14.83%），但2019年出现投资回流。对吉尔吉斯斯坦的投资2019年达到2.16亿美元，同比增长1.15倍。

2012年，中国—中东欧①国家合作机制创立。中国对中东欧（19国）的直接投资流量在2011~2019年呈较快增长，年均增长率为23.04%；从占比来看，2009年前中国对中东欧的投资占中国对64国家（地区）直接投资流量不足1%；2019年达到7.30亿美元，占比为3.91%。波兰、捷克、塞尔维亚、匈牙利是中国在该地区的主要投资目的地。2019年中国对四国的直接投资分别为1.11亿美元、0.62亿美元、0.34亿美元、1.23亿美元。

表4-3　2019年"一带一路"沿线吸引中国投资存量前20位国家

序号	地区	国家	占比（%）	序号	地区	国家	占比（%）
1	东南亚	新加坡	29.33	11	南亚	巴基斯坦	2.67
2	东南亚	印度尼西亚	8.43	12	东南亚	缅甸	2.30
3	东北亚	俄罗斯	7.13	13	西亚北非	以色列	2.10
4	东南亚	老挝	4.60	14	南亚	印度	2.01
5	东南亚	马来西亚	4.42	15	东北亚	蒙古国	1.91
6	西亚北非	阿联酋	4.25	16	中亚	乌兹别克斯坦	1.81
7	中亚	哈萨克斯坦	4.04	17	西亚北非	伊朗	1.70
8	东南亚	泰国	4.00	18	西亚北非	沙特阿拉伯	1.41
9	东南亚	越南	3.94	19	中亚	塔吉克斯坦	1.08
10	东南亚	柬埔寨	3.60	20	西亚北非	土耳其	1.04

注：根据历年《中国对外直接外投统计公报》整理而成。

从投资存量看，2019年我国对东南亚投资存量最大，规模为1099.72亿美元，占中国对"一带一路"沿线国家（地区）的比重为61.28%，其次为西亚北非，存量为247.88亿美元，占比13.81%，东北亚列第三，规模为162.35亿美元，占比9.05%；中亚、南亚和中东欧的规模分别为142.23亿美元、108.29亿美元、34.19亿美元，占比分别为7.93%、6.03%、1.91%。

从国别来看，我国的投资相对集中于个别国家。如表4-3所示，投资存量靠前的十个国家的份额总量比重达73.75%；前十五位国家比重达84.76%。

---

① 中东欧17国，包括阿尔巴尼亚、波黑、保加利亚、克罗地亚、捷克、爱沙尼亚、希腊、匈牙利、拉脱维亚、立陶宛、黑山、北马其顿、波兰、罗马尼亚、塞尔维亚、斯洛伐克和斯洛文尼亚。

其中新加坡占比最高为29.33%,大于第2至6位国家之和。

三、中国对"一带一路"沿线国家投资的产业分布

根据美国企业研究所建立的数据库①,对2005~2019年中国1亿美元以上的投资项目进行整理。表4-4显示了中国对沿线国家(地区)投资的产业分布情况。

从表4-4可以看出,2005年以来中国对64国(地区)直接投资从以能源单一投资,发展成为以能源为主,交通、金融、技术、不动产、农业、化学、娱乐、健康、设施等并重的多元投资结构。

"一带一路"64国(地区)油气资源储量丰富②,能源领域是中国的投资重点,呈现投资规模大、占比大、投资目的地相对集中等特征。中国在能源领域投资达到1449.5亿美元,2015年以来能源投资呈下降趋势,2019年有所回升。

从细分领域来看,中国企业最初集中在石油、煤炭、天然气等传统能源领域,如2005年中国企业投资项目仅3项(均为石油领域)。但近年来在水电、可再生等领域也有投资,占比分别为63.7%、13.8%。按投资金额计算,38%的投资选择控股50%以上,绿地投资为48.4%。从投资目的地来看,能源领域的投资中,49.7%的集中在俄罗斯、哈萨克斯坦、伊拉克、巴基斯坦和印度尼西亚,对前10个国家能源项目投资,占该类投资的68.8%。

中国在金属类矿领域投资304.1亿美元,主要以钢铁为主(50.1%),铜(18.8%)、铝(17.0%)也有相当比例。

中国在交通领域投资达到304.1亿美元、主要以汽车为主(50.5%),铁路、造船和航空次之。中国在技术领域投资达到101.5亿美元,以电信为主。

---

① 美国企业研究所是美国智库,也是美国保守派的重要政策研究机构。中国全球投资跟踪(China Global Investment Tracker, CGIT)由其建立,根据美国企业研究所的介绍 CGIT 是全球唯一一个涵盖中国全球投资和建设的综合性公共数据集。CGIT 于2005年对外发布。数据库网址:https://www.aei.org/china-global-investment-tracker/.

② 《BP世界能源统计年鉴》(第68版)的国别数据显示,截至2018年年底,"一带一路"沿线国家(地区)的探明石油储量约占全球的55.3%;天然气领域,探明储量约占全球的76.6%;煤炭领域,探明储量约占全球的40.0%(无烟煤和烟煤,次烟煤和褐煤分别占比为37.8%、44.8%)。

中国在农业领域投资86.8亿美元、金融领域投资53.9亿美元、化学领域投资27.2亿美元。

表4-4　中国对"一带一路"沿线国家（地区）投资的产业分布　　单位：亿美元

年份	能源	交通	金属类矿	不动产	技术	农业	金融	化学	其他
2005	46.9	—	—	—	—	—	—	—	—
2006	64.2	9.7	9.4	13	—	—	—	—	1.2
2007	20.1	—	43.2	—	4.6	—	—	—	1.5
2008	90.6	3.3	21.6	—	—	2	—	—	1.1
2009	184.6	3.5	4.8	6	5	—	5.3	—	—
2010	45.9	1.5	21.4	5	3	14.4	1.7	1.9	3
2011	87.9	9.5	27.4	16.9	—	1	1	19.2	—
2012	35.6	7.2	22.8	12	12	—	9	—	4.7
2013	144.9	6.1	19.2	31.3	1.1	20.4	2	1.1	11
2014	129.7	2.9	11.9	9	14	15.6	3.2	—	11
2015	214.4	30.9	27	16.2	25	4.4	15	—	32.2
2016	114	5	4.1	15.4	2.5	19.4	11	—	42
2017	75.2	38.8	4.7	25	4.1	2.8	2.3	—	151.1
2018	65.1	55.3	58.3	11.8	16.8	5.1	3.4	5	51.7
2019	130.4	69.4	28.3	9	13.4	1.7	—	—	51.8
合计	1449.5	243.1	304.1	170.6	101.5	86.8	53.9	27.2	362.3

注：根据CGIT数据库整理而成。"其他"包括化学、娱乐、健康、设施、物流、旅游等。

四、中国承接"一带一路"工程项目情况

如表4-5显示了中国在"一带一路"工程项目的区域分布情况。2019年，中国在64国（地区）承接的工程项目合同金额为403.1亿美元，是2005年的7.2倍。2005~2019年，中国在该区域所承接的工程项目占中国对外承接工程项目的57.3%，明显高于直接投资所占比重。

中国承接的工程项目主要分布在西亚北非、东南亚和南亚三个地区，而另外三个地区的项目合同金额相对较低。

2005～2019年，中国在西亚北非承接的工程项目合同金额为1592.7亿美元、东南亚为1254.1亿美元、南亚为1037亿美元，分别占中国在64国（地区）承接工程项目总额的33.5%、26.4%、21.8%。从中东欧、中亚、东北亚承接的工程项目合同金额分别为355.7亿美元、312亿美元、196.6亿美元，占比最高的中东为7.5%，其次中亚（6.6%），东北亚最低（4.1%）。

表4-5 中国在"一带一路"沿线国家（地区）工程项目的区域分布

单位：亿美元

年份	东北亚	东南亚	南亚	西亚北非	中东欧	中亚	合计
2005	0	13.1	4.9	35.2	0	3	56.2
2006	0	19.7	30	44.7	0	7	101.4
2007	0	45.2	50.8	95.1	7.9	24.5	223.5
2008	0	17.2	33.4	51.4	37.6	15.2	154.8
2009	9.4	18.2	35	94.6	1	33.9	192.1
2010	0	129.1	78.2	72	24.6	19.9	323.8
2011	0	52	35.5	115.3	81.8	12.4	297
2012	0	119.2	22.6	81.5	19.1	42.2	284.6
2013	0	70.8	112.3	60.3	30	4.6	278
2014	26.8	81.9	128.8	95.8	18.6	53	404.9
2015	32.3	121	122.3	115.1	17.5	24.2	432.4
2016	9.9	182.1	154.5	170.6	18.1	4.9	540.1
2017	65.6	123.6	64.9	163.8	41.2	37	496.1
2018	11.9	150.8	83.3	267.6	28.9	17.6	560.1
2019	40.7	110.2	80.5	129.7	29.4	12.6	403.1
合计	196.6	1254.1	1037	1592.7	355.7	312	4748.1
占比（%）	4.14	26.41	21.84	33.54	7.49	6.57	100.00

注：根据CGIT数据库整理而成。

第三节

"一带一路"国家复杂投资网络

本节应用UCINET软件，对中国与64国（地区）所构成的国际投资网络进行分析，观察网络特征，并衡量有关国家在复杂投资网络体系中的地位和作用。

根据国际货币基金组织（IMF）数据库[①]提供的双边直接投资数据，将复杂投资理论运用在"一带一路"投资网络，分别构建了2012年和2019年"一带一路"沿线国家（地区）包括中国在内，65国（地区）双向直接投资网络，比较各国在网络中地位和作用的演进情况。

根据2012年中国与"一带一路"64国（地区）FDI流入数据，形成2012年"一带一路"投资网络格局，如图4-12所示。对二元网络来说，网络中一国的形状越大代表与其他国家直接相连的个数越多，形状越小则代表与其他国家相连越少。观察2012年中国与"一带一路"64国（地区）共同构成的投资网络，可以发现中国、俄罗斯、泰国、新加坡等位于该网络的中心，这些国家与其他国家的投资连接数较多。投资活动相对较少的国家居于网络的外围。

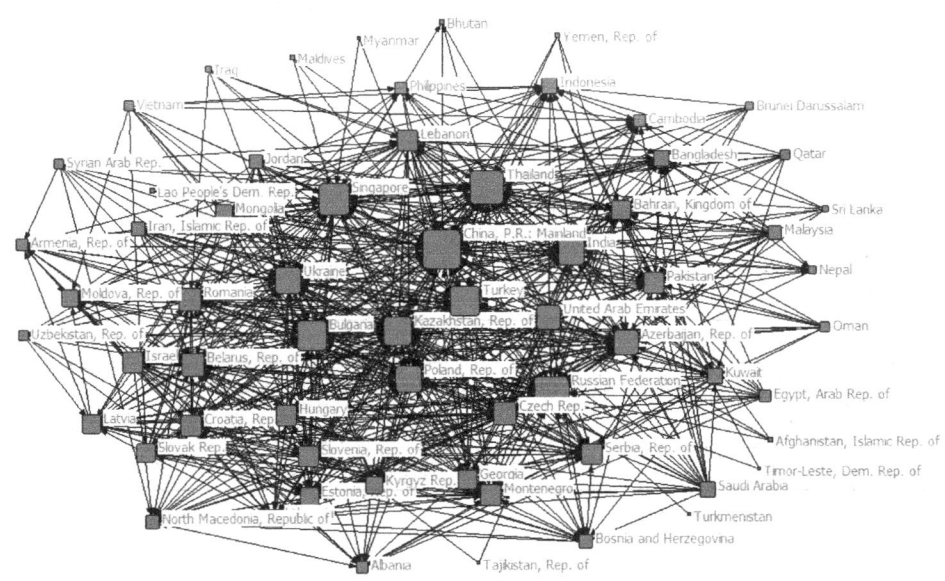

图4-12 2012年"一带一路"沿线国家（地区）双向直接投资网络示意图

---

① https：//data.imf.org/regular.aspx？key=61227426.

应用 UNICET 软件,计算了 2012 年"一带一路"国家(地区)双向直接投资的复杂网络结构,各节点的中心度用以反映各国在投资网络中的重要性。结果如表 4-6 所示,分别列出了程度中心性、接近中心性、中介中心性三个表示网络程度的指标。程度中心性是指一个点与其他点直接连接的总计情况,衡量了一国与其他国家的联系能力,揭示该国是否处于网络群体的中心地位。与一点直接相连的其他点的个数多,就表示该点具有更高水平的度中心度。接近中心性是指一个点到其他所有点的距离的总和,这个总和越小就说明这个点到其他所有点的路径越短,也就说明这个点距离其他所有点越近。如果一个点与网络中所有其他点的"距离"都很短,则称该点具有较高的整体上看的中心性。中介中心性是指经过一个点的最短路径的数量。经过一个点的最短路径的数量越多,就说明具有较高的中介中心度。

表 4-6　　　　2012 年"一带一路"投资网络主要国家的中心性指数

国家	程度中心性	接近中心性	中介中心性
中国	89.06	47.76	12.14
俄罗斯	78.13	45.39	11.42
泰国	75.01	44.75	6.56
新加坡	73.43	44.44	6.18
土耳其	68.75	43.53	3.02

从表 4-6 中可以发现,中国、俄罗斯、泰国、新加坡、土耳其五国中心度居于 2012 年"一带一路"投资网络的前列,表明这些国家与其他国家的投资行为较多。但排名第一的中国中心度为 89.06,排名第五的土耳其中心度为 68.75,两者差距相对较大,表明 2012 年"一带一路"投资网络中各国的投资活跃程度和发挥的作用存在一定的差距。

根据 2019 年中国与"一带一路"沿线国家 FDI 流入数据,形成 2019 年"一带一路"投资网络,如图 4-13 所示。与 2012 年投资网络相比,2019 年投资网络中,中国、泰国、印度、俄罗斯、新加坡等国形状较大,地位仍较为突出,均位于网络的中央。与 2012 年投资网络相比可以发现,中等形状大小的国家数量明显增多,表明 2013 年"一带一路"倡议提出后,65 国(地区)间的投资行为更加活跃,彼此之间的投资网络连接更加密集。2019 年网络不同节点间的差距在逐步缩小。

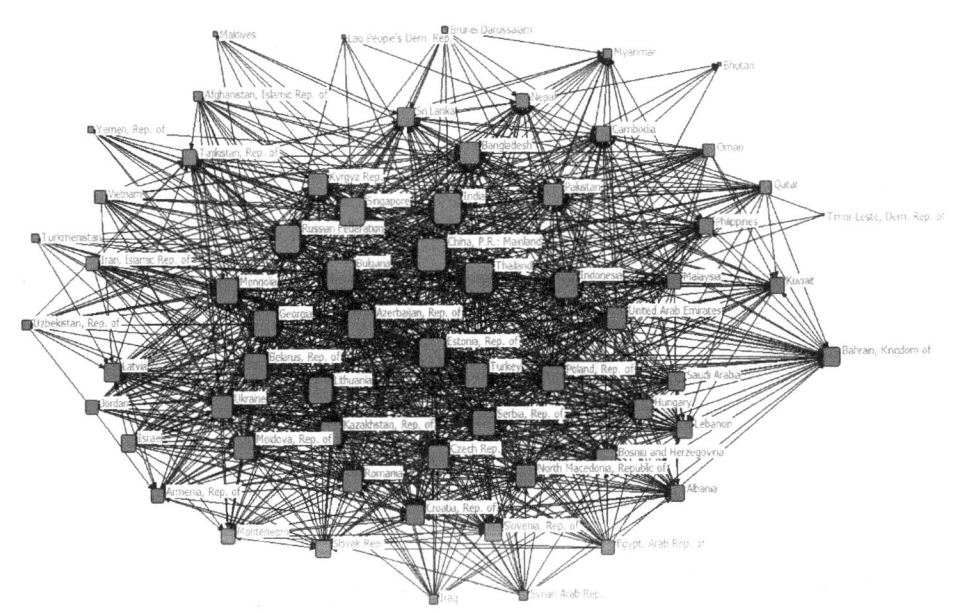

图 4-13　2019 年"一带一路"沿线国家（地区）双向投资网络示意图

进一步计算 2019 年"一带一路"国家（地区）双向直接投资的复杂网络结构，分别列出了程度中心性、接近中心性、中介中心性三个表示网络程度的指标，结果如表 4-7 所示。

表 4-7　　2019 年"一带一路"投资网络主要国家的中心性指数

国家	程度中心性	接近中心性	中介中心性
中国	96.87	49.61	4.12
泰国	93.75	48.85	4.35
印度	90.62	48.12	3.51
俄罗斯	84.37	46.71	2.12
新加坡	82.81	46.37	2.30

从表 4-7 可以发现，根据中心性分析，2019 年，中国、泰国、俄罗斯、新加坡等国在复杂投资网络中的投资行为最为活跃，中心性指数最高，居于网络中的中心地位。印度进入中心度最高的 5 个国家行列。2019 年各国中心度均较 2012 年有了明显提高。中国的程度中心性由 2012 年的 89.06 提高到 2019 年的 96.87，排名第五位的新加坡中心度也提升到了 82.81，与中国差距较

2012年明显缩小，表明投资网络中各国作用相比2012年更加均衡。

对于有向网络来说，节点度可划分为出度和入度，其中出度表示一个国家（地区）通过国际投资流出流量与他国发生联系，而入度则表示一个国家通过国际投资流入流量与他国（地区）发生联系。表4-8考虑了2019年复杂投资网络中各国相互的投资额，计算每个节点的出度和入度。可以发现，从投资额来看，新加坡、中国、俄罗斯等国在投资网络中发挥较为突出的作用，这些国家均为地区重要国家和"一带一路"倡议提出重点发展的合作方向。2019年"一带一路"复杂投资网络的平均出度和入度相等，均为13771.98，高于2012年的8678.14，表明"一带一路"倡议明显提升了投资网络的活跃程度。

表4-8　2019年"一带一路"投资网络主要国家的节点出度和入度

国家	节点出度	节点入度	节点出度标准化	节点入度标准化
新加坡	325204.75	187753.79	4.95	2.86
中国	133386.03	120036.39	2.03	1.83
马来西亚	77114.29	39943.90	1.17	0.61
俄罗斯	43880.55	26755.79	0.67	0.41
印度	29681.37	65674.01	0.45	1.01
印度尼西亚	23040.85	83840.73	0.35	1.28
泰国	21467.91	54642.89	0.33	0.83
捷克	17213.23	12992.34	0.26	0.19
匈牙利	16677.83	12793.23	0.25	0.19
土耳其	16025.66	44427.01	0.24	0.68

小　结

"一带一路"倡议的提出使得将沿线国家作为一个整体进行研究成为可能，并且成为学者研究的重点。本章对"一带一路"64国（地区）吸引国际直接投资情况进行了分析，"一带一路"沿线64国（地区）在全球FDI中扮演的角色日益重要，吸引FDI占全球比重最高达26.7%。其中部分经济体如新加坡、印度、印度尼西亚、以色列、越南、俄罗斯、土耳其等在吸引FDI和对外直接投资方面均表现亮眼。但"一带一路"沿线各国（地区）由于发展水平、生产要素的分布、市场规模、营商环境等存在较大差异，所以在吸引 FDI 和对外直接投资方面表现出较大差异。对 64 国（地区）按照其所属地区进行划分后进一步研究发现，东南亚在吸引 FDI 上位居第一，中亚、南亚、东北亚吸引 FDI 占比较低。

中国对 64 国（地区）的直接投资（CDI）稳步增长，增速高于中国总体对外直接投资增速。CDI 投资区域差异较大，东南亚（11 国）承接规模最大，占中国对沿线直接投资的 69.59%，这一现象符合投资由近及远的规律，但从"一带一路"倡议的远景来看，对"一带一路"投资还应不断优化空间布局。要保持一定程度的差异化以及平衡化的方向，持续将沿线各国的经济的互补性转化为发展的推动力，实现与沿线地区各国互利共赢的局面。CDI 投资的产业领域不断扩展，从以能源为主，发展为交通、金融、技术、不动产、农业、化学、娱乐、健康、设施等并重的多元投资结构。分投资类型来看，中国在沿线国家（地区）工程承包规模占中国对外工程承包总量的比例达 57.3%。

将复杂投资理论运用在"一带一路"投资网络，分别构建了 2012 年和 2019 年"一带一路"沿线国家双向直接投资网络，比较各国在网络中地位和作用的演进情况。通过中心度分析，中国始终位于"一带一路"投资网络的中心地位，中心度由 2012 年的 89.06 提高到 2019 年的 96.87。中国、俄罗斯、新加坡、印度等国在"一带一路"投资网络中发挥较为突出的作用。"一带一路"倡议实施以来，各国间的投资更加活跃，彼此之间的投资网络连接更加密集。2012 年投资网络中各国的投资活跃程度和发挥的作用存在一定的差距，2019 年各国在投资网络中的作用则更加均衡。

第五章

东道国环境规制对中国企业投资选择的影响分析

本章以中国企业对"一带一路"64国(地区)的投资项目选址结果和空间分布情况为研究对象,分别梳理了中国企业在东道国的绿地投资、跨国并购、工程项目的情况,基于面向企业选址结果的离散选择模型等定量分析方法,综合研究"一带一路"东道国、环境规制以及其他区位因素对中国企业投资区位选择行为的影响。

第一节 中国企业在"一带一路"投资情况

根据美国企业研究所(American Enterprise Institute)建立的中国在世界各国投资统计的数据库,对涉及的"一带一路"64国(地区)的中国企业投资行为进行梳理,统计分析2005~2019年中国企业对这些国家投资的产业分布、发展趋势等。

一、企业投资项目总体情况

2005~2019年,中国企业对该区域的投资项目总数不断增长,从2005年的15个项目增长到2019年的134个项目,增幅达到近9倍,累计投资项目达到1312个。

中国企业对这些国家的投资涉及绿地投资、跨国并购、工程项目,其中工程项目占比始终超过50%。如图5-1所示,2005~2019年投资的1312个项目中，工程项目达到857个，占65.3%。绿地投资项目对东道国当地的经济增长和就业具有一定的改善作用，项目总数达到251个，占19.1%。跨国并购项目数量与绿地投资项目数量较为接近，也达到了204个，占15.6%。2015年，中国企业投资的15个项目中，工程项目占80%。此后，每年工程项目、绿地投资、跨国并购三类项目占中国企业投资的比重大体保持稳定。其中，工程项目大约占年度投资项目总数的2/3，剩余1/3项目中，绿地投资项目个数一般为跨国并购项目个数的2倍。总体来看，中国企业对64国（地区）的投资活动首先表现为开展工程项目、改善当地基础设施，其次为产业转移投资，帮助提升当地工业化水平，最后为跨国投资并购活动。

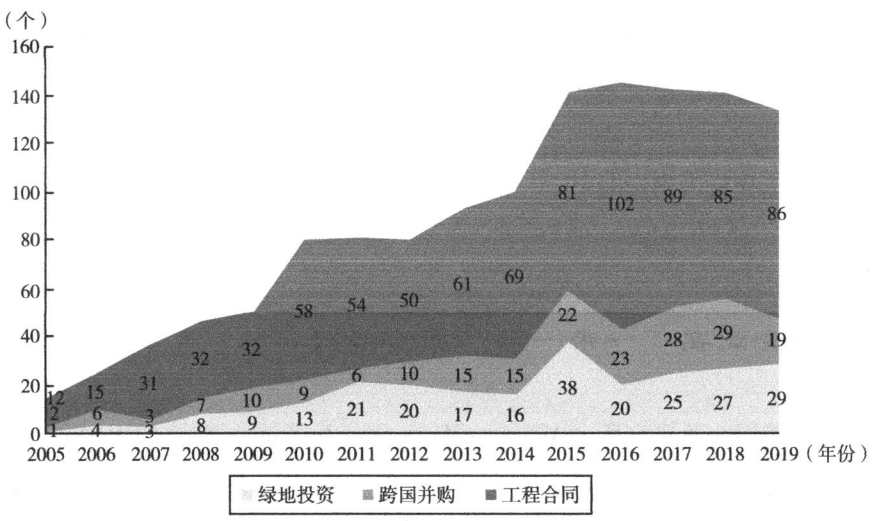

图5-1　2005~2019年中国企业在64国（地区）的投资项目数量变化趋势

二、各领域企业投资项目情况

从时间趋势上看，如图5-2所示，能源、交通物流、不动产及公用设施、金属矿石等领域是早期中国企业投资的主要领域。近年来，中国企业投资也逐步向科技、化工、农业、金融、服务业等领域延伸，并且这些领域的合作不断增加。

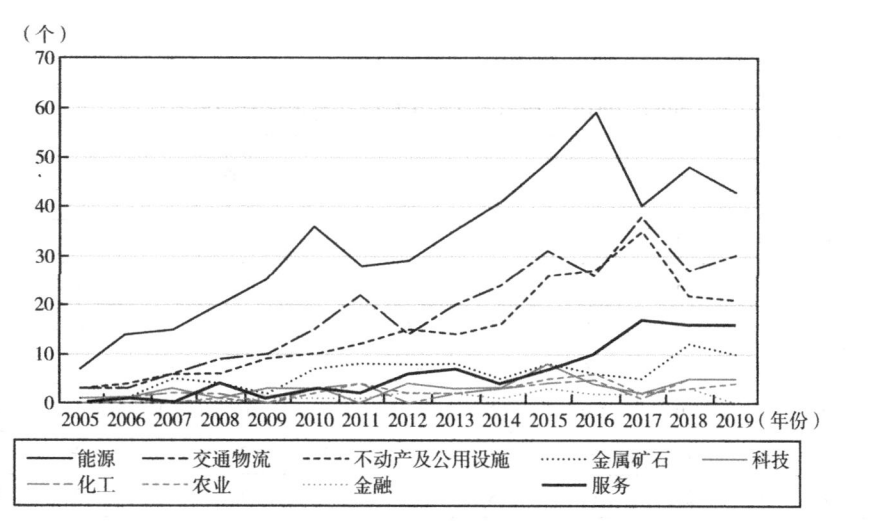

图 5-2　2005~2019 年中国企业在不同行业投资项目数量变化趋势

表 5-1 进一步展示了 2005~2019 年中国企业对 64 国（地区）具体投资项目的行业分布，涉及能源、交通物流、不动产及公用设施、金属矿石、科技、化工、农业、金融以及服务业（包括健康、旅游、娱乐及其他行业）等 9 大领域。

（一）能源、交通物流等传统领域

能源领域是投资项目最多的领域，项目数达到 489 个，占全部 1312 个项目的 37.3%。在历年的企业投资项目中，能源项目占比都最高。2010 年前占比均超过 40%，2006 年占比最高达到 56%。"一带一路"倡议提出后，能源项目占当年中国企业投资项目总数的比重略有下降，但仍保持在 30% 以上，其中 2014 年和 2016 年的占比均超过 40%。从空间分布来看，中国企业投资的能源项目集中在东南亚、南亚和西亚北非三个地区，这些地区承接的项目数比重分别为 36.8%、19.8% 和 20%。我国重要能源运输通道均经过上述三个地区，说明保障我国能源安全是能源领域项目关注的主要方向。从能源项目的东道国来看，大多数属于中等收入国家，共承接了中国投资的 442 个项目，占全部 489 个能源项目的 86.3%。其中最多为中低收入国家，共承接了 269 个项目，占全部项目的 55%，中高收入国家承接了 153 个项目，占 31.3%。中国企业投资的能源项目对中低收入国家的经济增长具有带动作用，但其政治社会环境的不稳定，也可能影响能源项目的安全实施。

表 5-1　2005～2019 年中国企业在不同行业投资项目情况统计

年份	能源	交通物流	不动产及公用设施	金属矿石	科技	化工	农业	金融	服务	各行业合计
2005	7	3	3	1	0	1	0	0	0	15
2006	14	3	4	1	1	1	0	0	1	25
2007	15	6	6	5	3	2	0	0	0	37
2008	20	9	6	4	1	2	1	0	4	47
2009	25	10	9	2	3	0	0	1	1	51
2010	36	15	10	7	3	3	2	1	3	80
2011	28	22	12	8	0	4	4	1	2	81
2012	29	14	15	8	4	0	2	2	6	80
2013	35	20	14	8	3	2	2	2	7	93
2014	41	24	16	5	3	3	3	1	4	100
2015	49	31	26	8	8	4	5	3	7	141
2016	59	26	27	6	4	5	6	2	10	145
2017	40	38	35	5	2	1	2	2	17	142
2018	48	27	22	12	5	5	3	3	16	141
2019	43	30	21	10	5	5	4	0	16	134
总计	489	278	226	90	45	38	34	18	94	1312

数据来源：根据 CGIT 数据库整理，其中服务业包括健康、旅游、娱乐及其他行业。

除能源项目外，交通物流、不动产及公用设施两大领域也是中国企业对该区域的重点，项目总数也分别达到 278 个和 226 个，均相当于能源项目总数的一半，分别占全部中国企业投资项目总数的 21.2% 和 17.2%。这两大领域对提升当地基础设施环境具有重要作用。如图 6-2 所示，2005～2019 年，交通物流、不动产及公用设施两大领域投资项目数稳步上升，趋势接近。各年度交通物流领域项目占中国企业投资项目总数大体稳定，占比约 20%。其中 2011 年、2014 年和 2017 年的项目占比数分别达到 27.2%、24%、26.8%。各年度不动产及公用设施领域投资项目数占中国企业投资项目总数的比重也基本保持在 15% 左右，其中 2012 年、2015 年、2016 年和 2017 年度的项目占比数分别达到 18.8%、18.4%、18.6% 和 24.7%。从空间分布看，交通物流领域项目集中在东南亚地区和南亚地区，分别占40.3%和24.5%，说明中国与这两个周边地区的交通一体化进程处于优先地位。中低收入国家和中高收入国家分别承接了39.6%和33.1%的中国交通物流投资项目，高收入国家也承接了24.8%的中国交通物流投资项目，说明中国企业投资的交通物流项目有利于改善中等收入国家的基础设施条件，同时高收入国家也吸引承接了较多交通物流项目，中国企业在这类项目的市场竞争中具有优势。从空间分布看，不动产及公用设施领域项目集中分布在东南亚地区和西亚北非地区，占比分别为42.1%和30.9%，这两个区域承接了较多资金密集的不动产和公用设施项目。高收入国家、中高收入国家、中低收入国家则分别承接了33.2%、31.9%和31.4%的中国不动产及公用设施投资项目，表明中国企业的不动产和公用设施投资在中高收入国家的分布较为均衡。

在金属矿石领域，中国企业的投资项目达到90个，仅次于能源、交通物流、不动产及公用设施领域，占全部1312个项目的6.9%。各年度中国企业投资的金属矿石领域项目总体保持稳定，基本不超过10个。2018年和2019年项目数量有所增长，分别达到12个和10个。各年度金属矿石领域投资项目占全部中国企业投资项目的比重也有所波动，2011年占比达到13.5%，其余年度占比均在10%以下。从空间分布看，中国企业投资金属矿石领域项目主要分布在东南亚地区，占52.2%，其次为东北亚地区，占比为16.7%。中低收入国家和中高收入分别承接了54.4%和40%的中国企业金属矿石项目，说明"一带一路"国家中，中等收入国家具有相对丰富的金属矿石资源，有利于深化中国与这些国家的资源合作。

（二）科技、金融等新兴产业领域

除能源、交通物流、不动产及公用设施、金属矿石等领域外，在科技、化工、农业、金融、服务业等行业中，中国企业的投资也从无到有，逐步增加。2005~2019年，中国企业对科技、化工、农业、金融领域的投资项目总数分别达到45个、38个、34个、18个，分别占中国企业全部1312个投资项目的3.4%、2.9%、2.6%、1.4%。服务业（包括健康、旅游、娱乐及其他行业）的中国企业投资项目累计达到94个，占全部1312个投资项目的7.2%。以上各实体经济行业的总投资项目个数从2005年的1个增长到2019年的30个，累计达到229个，相当于全部1312个投资项目的17.5%。已经接近交通物流领域和不动产及公用设施领域投资项目数。

在科技领域，除2015年中国企业投资项目达到8个外，其余年度项目数不足5个。2007年科技领域项目占当年度各领域投资项目总数比重超过8%，其余年度比重大致在3%~5%。从空间分布上看，南亚和东南亚地区承接的投资项目数分别占全部项目投资数的48.9%和31.1%。表明这两个地区相对具有一定的科技水平和科技合作潜力。承接科技投资项目的"一带一路"国家中，中低收入国家占55.6%，中高收入国家和高收入国家分别占26.7%和15.6%。中国对东道国的科技合作项目可能发挥技术溢出效应，带动东道国收入水平增长。

在化工领域，2015年和2019年中国企业投资项目分别达到5个。各年度化工领域投资项目占当年度全部投资项目的比重大致保持在2%~4%。从空间分布上看，西亚北非和东南亚地区承接的投资项目数分别占全部项目投资数的31.9%、26.3%。这可能与西亚、北非和东南亚地区拥有较为丰富的石油资源有关。承接化工投资项目的"一带一路"国家中，中高收入国家占44.7%，高收入国家和中低收入国家分别占31.6%和23.7%。这也说明化工类项目需要较大的资金投入，东道国具有较高收入水平，有利于对化工项目提供支撑保障。

农业领域的中国企业投资项目相对较少，2007年前中国企业并未投资农业项目。2016年中国企业投资的农业项目数量达到6个。各年度农业领域投资项目占当年度全部投资项目的比重大致保持在1%~5%。从空间分布上看，东南亚、南亚和西亚北非地区承接的农业投资项目数分别占全部项目投资数的29.4%、29.4%和20.6%。这可能与当地农业基础较好，具有较强的农业生产能力有关。承接农业领域投资项目的"一带一路"国家中，中高收入、中低收入国家均占35.3%，高收入水平的国家占26.5%。表明农业合作项目主要集中在中等收入水平国家单元。部分高收入水平国家可能具有较高的农业发展水平，因此合作空间较大。

金融领域是中国企业对该区域的新兴投资领域。但各年度金融领域投资项目仍然有限。最早的中国企业金融投资项目发生在国际金融危机后。各年度金融领域投资项目一般不超过3个，占当年全部投资项目的比重大致保持在1%~3%。从空间分布上看，东南亚、东北亚地区承接的金融投资项目占27.8%、22.2%，西亚北非地区也承接了16.7%的项目。这表明上述地区可能具有较多的资金需求。承接金融领域投资项目的"一带一路"国家中,中高收入水平国家最多,占 55.6%。其次为高收入水平的国家和中低收入水平的国家,分别占 27.8% 和 16.7%。说明中国与区域其他各国的合作更多倾向于收入水平较高的国家和地区,收入水平较高的国家和地区一般具有相对较强的金融实力。

中国企业对服务业(包括健康、旅游、娱乐及其他行业)投资项目不断增长。2010 年以前,各年度投资项目数均不足 5 个。"一带一路"倡议提出后,服务业投资项目数量增长明显,到 2017~2019 年,服务业投资项目达到 16 个以上,占当年度全部中国企业投资项目个数的比重均超过 11%。从空间分布看,东南亚、南亚、西亚北非地区承接服务业投资项目比重分别达到 36.2%、25.5%、23.4%,这些地区服务业具有一定的发展基础,中国企业开展服务业项目合作具有明显潜力。承接服务业投资项目的国家和地区中,中低收入水平的国家占 46.8%,高收入水平国家和中高收入水平国家占比分别为 27.7%、25.5%。这表明中低收入水平国家的服务业发展趋势良好,对服务业项目的需求较多。

第二节　中国企业投资选址模型构建

基于考虑企业选址结果的离散选择模型,综合考虑各项影响中国企业投资项目选址的东道国影响因素,搭建符合需求的企业选址模型。

一、基于离散选择模型的分析

根据企业选址理论,母国企业赴东道国新设投资项目,主流的选址模型是离散选择模型。离散选择模型将企业投资选址的结果作为投资企业自身效用最大化的过程,可以根据企业投资选址结果,建立估计方程,形成研究企业选址问题的微观模型基础。

离散选择模型针对每一个决策者和决策结果,将每一个决策者 i,选择备选方案 j 的效用整体上表示为:

$$U_{ij} = V_{ij} + \varepsilon_{ij} \tag{5-1}$$

其中，V_{ij}代表那些可以观测到的效用，ε_{ij}则代表那些观测不到、具有随机性的效用。综合考虑，决策者 i 在众多备选项 k 中选择 j 的概率，可以进一步表示为：

$$P_{ij} = P(U_{ij} > U_{ik}) = P(V_{ij} + \varepsilon_{ij} > V_{ik} + \varepsilon_{ik}) = P(\varepsilon_{ij} - \varepsilon_{ik} > V_{ik} - V_{ij})$$
$$= \int I(\varepsilon_{ij} - \varepsilon_{ik} > V_{ik} - V_{ij}) f(\varepsilon_i) d\varepsilon_i, \forall k \neq j \quad (5-2)$$

其中，$f(\varepsilon_{ij})$代表那些观测不到、具有随机性效用的概率密度函数。

假设每一个备选项的 ε_{ij} 符合独立同极值分布，即：

$$f(\varepsilon_{ij}) = e^{-\varepsilon_{ij}} e^{-e^{-\varepsilon_{ij}}} \quad (5-3)$$

那么，离散选择模型可以表示进一步表示为决策者 i 在众多备选项 k 中选择 j 的概率是：

$$P_{ij} = \frac{\exp(V_{ij})}{\sum_k \exp(V_{ik})} \quad (5-4)$$

其中，V_{ij}为决策者 i 选择方案 j 的效用，V_{ik}为决策者 i 选择方案 k 的效用。以上构成了基本的离散选择模型，即 Logit 模型。Logit 模型被作为常用的离散选择模型。一般问题分析中，由于 V_{ij} 大多数为各承接地变量构成的多项式，因此上述模型一般也被称为多项式 Logit 模型（Multi-Nomial Logit Model）。

多项式 Logit 模型在使用中需要满足无关选项独立的原则，即决策者选择备选项 j 和备选项 k 的概率 P_{ij} 和 P_{ik} 的相对大小，与其他备选项不存在相关关系。

$$\frac{P_{ij}}{P_{ik}} = \frac{\exp(V_{ij})}{\sum_k \exp(V_{ik})} \bigg/ \frac{\exp(V_{ik})}{\sum_k \exp(V_{ik})} = \exp(V_{ij} - V_{ik}) \quad (5-5)$$

其中，V_{ij}为决策者 i 选择方案 j 的效用，相应的 V_{ik} 为决策者 i 选择方案 k 的效用。

多项式 Logit 模型等离散选择模型在回归拟合过程中，当决策者面对的备选空间数量较多时，将导致离散选址模型的计算量过于复杂，得到满意的回归结果需要较长时间。

二、中国企业投资项目选址模型

（一）基础选址模型

根据离散选择模型最常用的多项式 Logit 模型，根据企业效用最大化的原则，中国企业在"一带一路"国家投资项目的选址概率可以进一步表示为：

$$P_1(i,j) = \frac{\exp(\beta X_j)}{\sum_{m=1}^{n} \exp(\beta X_m)} \tag{5-6}$$

其中，n是承接单元的数量，X_m为承接单元的属性数据，而β是参数向量。

中国企业在各国的投资项目选址结果，受东道国的各项基本情况影响。也就是说，中国企业在各国投资项目选址的综合效用，与东道国家的各种属性数据相关。本研究认为影响中国企业在沿线国家选址的影响因素，主要为东道国的属性特征X_m。

对于本书关心的东道国的环境规制水平，属于政府政策影响。东道国提高环境规制水平，将影响企业在当地生产经营成本，可能对企业投资选址意愿产生一定的影响。此外，影响企业投资选址的东道国区位属性仍然较多，比如，东道国与中国的距离，东道国自身的经济实力、城镇化率、人口密度、劳动力规模、资本存量、吸引外资情况、技术水平、基础设施条件、营商环境、政府投入等因素。一般认为，东道国的上述属性可归结为四个方面。

第一，东道国与中国的地缘关系。最主要的是距离因素。考虑到企业投资转移后，原有的市场仍有可能面向母国，因此中国企业向"一带一路"投资新设企业或设立分支机构，需要考虑东道国家与中国的距离因素，一般认为如果距离更近，可能承接的投资项目相对较多。

第二，东道国的市场规模、潜力等因素。企业一般都会选择贴近市场投资布局。对于经济实力和发展水平，东道国的GDP越高，经济活力越强，转移企业更容易开拓市场，扩大产能。对于市场规模，东道国城镇化水平越高，城镇人口比例越大，则企业潜在的市场规模越大，越有利于吸引投资项目集聚。对于人口密度，东道国的人口密度越高，拥挤效应明显，对承接企业投资项目的转移意愿可能会降低。

第三，东道国的资本、人力、技术等要素条件。对于人力资源，东道国劳动力资源越充足，越有利于投资项目招收工人，提供企业运转所需的人力资本。对于资本因素，东道国的资本存量越高，表明资本要素更加充沛，资本存量越低，则表明资本稀缺。两方面都有可能对企业投资行为产生影响。资本要素充沛有利于企业获得资本资源，资本要素稀缺则意味着当地更有意愿吸引投资落地。对于吸引外资,东道国承接的外来投资越多,表明当地的开放程度越高,越有利于吸引投资项目。对于技术水平,东道国技术水平越高,有利于投资项目获得技术开展生产活动,但当地相对较低的技术水平也可能导致更希望吸引高技术投资项目落地。

第四,东道国的基础设施能力、服务企业的营商环境等配套条件。对于基础设施能力,东道国为投资贸易活动提供的基础设施条件越好,越有利于降低企业原材料和产品运输的成本,越有利于吸引投资项目落地。对于服务企业的营商环境,东道国更好的营商环境,有利于增强企业投资选址意愿。对于政府投入,东道国政府公共财政支出比重越大,越有利于改善教育、医疗等承接条件,增强基础设施能力,营造有利于产业发展的营商环境,吸引产业和投资项目集聚。

(二) 纳入空间因素的选址模型

进一步考虑空间因素的多项式 Logit 模型。对于各东道国的各类属性可能存在空间相关性,因此,有必要将这些变量 Xm 的空间滞后项纳入多项式 Logit 模型中,使模型结构更加完善。由此形成的纳入空间因素的多项式 Logit 模型则表示为:

$$P_2(i,j) = \frac{\exp(\beta X_j + \alpha w X_j)}{\sum_{m=1}^{n} \exp(\beta X_m + \alpha w X_m)} \qquad (5-7)$$

其中,α、β 为模型的参数向量,X_m 为承接单元的属性数据,w 为区域各承接单元的空间权重矩阵,P_2 为考虑承接地属性的空间相关性后,企业 i 到承接单元 j 的选址概率。

关于模型拟合效果检验。模型(5-7)比模型(5-6)增加了解释变量,结构更加复杂,但可能导致过度拟合,是否为最优模型结构,还需要通过定量评估方法进行比选。由于模型(5-6)和模型(5-7)均为多项式 Logit 模型,多项式 Logit 模型的参数估计采用最大似然估计法,寻找使对数似然函数值 LL(β) 最大的参数。因此,分析多项式 Logit 模型拟合效果的一个重要工具,就是以 LL(β) 为基础构建评价指标。广泛应用的评估工具为 AIC 指标。

根据最大似然估计方法,不断增加模型的变量,可以有效地提高模型的对数似然函数值LL(β),有利于实现模型优化。但使模型结构越来越复杂的过程,需要考虑过度拟合现象,应予以平衡和综合考虑。AIC 指标可以有效平衡模型复杂度和模型拟合优度,综合考虑得到更加合理的模型。一般认为,比较两个模型拟合的 AIC 值,AIC 越小的模型可认为结构更加合理。AIC 指标计算过程如下:

$$AIC = 2n - 2\ln(L) \tag{5-8}$$

第三节

东道国环境规制对中国企业投资选址的影响分析

基于上节提出的离散选择模型,根据 2005~2019 年中国企业在"一带一路"64 国(地区)的投资项目选址情况,实证检验中国企业投资选址的影响因素。

一、基础选址模型结果

根据美国传统基金会建立的中国在世界各国投资统计的数据库,整理得到 2005~2019 年中国企业在 64 国(地区)的投资项目的总数,以及绿地投资数量、跨国并购数量、工程项目数量,对 64 个国家不同类型项目数量进行统计,结果如 5-2 所示。

表 5-2　2005~2019 年中国企业在 64 国(地区)不同类型投资项目统计

变量	国家数	均值	标准差	最小值	最大值
投资项目总数	64	21.78	27.85	0	119
绿地投资数量	64	3.92	6.63	0	29
跨国并购数量	64	3.19	6.24	0	34
工程项目数量	64	13.40	17.18	0	69

影响中国企业在 64 国(地区)投资项目选址的自变量,综合考虑包括以下 13 个,各自变量指标的数据定义和数据来源,详见表 5-3。表 5-3 中,东道国环境规制(er),以当地的环境规制指数为指标;东道国与母国的距离(distance),以东道国首都与北京两个坐标之间的距离为指标;东道国的经济

发展水平（gdp），以当地GDP规模为指标；东道国的城镇化水平（urban），以当地城镇化率为指标；东道国的人口密度（popden），以当地的单位面积人口数量为指标；东道国的劳动力规模（labor），以当地劳动力数量占总人口比重为指标；东道国的资本存量（capital），以当地的资本存量规模为指标；东道国吸引中国投资额（cdi），以当地承接中国投资流量规模为指标；东道国吸引外商直接投资（fdi），以当地承接外商直接投资流量规模为指标；东道国的技术水平（tech），以东道国高技术产品出口额占当地全部出口总额的份额作为指标；东道国的基础设施条件（inf），以当地物流绩效指数为指标；东道国的营商环境（dbindex），以当地营商环境排名倒数为指标；东道国政府投入（exp），以当地政府支出占GDP比重为指标。

上述变量中，东道国环境规制（er）为研究关心的核心自变量，其他变量为控制变量，主要为东道国当地的属性情况。

表5-3　　　　　企业投资项目选址模型的自变量指标和数据来源

变量	指标	单位	数据来源
er	环境政策水平	/	Transformation Index of the Bertelsmann Stiftung
distance	不同国家首都城市间距离	公里	国际经济研究中心（CEPII）GeoDist
gdp	国内生产总值	万美元	World Bank Indicators
urban	城镇人口占总人口比例	%	World Bank Indicators
popden	人口密度	人/平方公里	World Bank Indicators
labor	劳动力占总人口比例	%	World Bank Indicators 相关指标计算
capital	资本存量	美元	World Bank Indicators
fdi	外商直接投资	百万美元	UNCTADSTAT
cdi	中国直接投资	万美元	历年中国对外直接投资统计公报
tech	高科技出口占制成品出口比例	%	UNCTADSTAT
inf	贸易和物流基础设施质量	/	物流绩效指数（Logistics Performance Index）
dbindex	营商环境水平	/	World Bank 营商便利指数排名的倒数
exp	政府支出占GDP比重	%	World Bank Indicators

对各自变量的数据进行归一化，描述性统计如表5-4所示。根据基础模型（5-6），应用STATA15软件，得到东道国不同因素对中国企业在"一带一路"国家投资项目选址结果。

表5-4 企业投资项目选址模型变量描述性统计

变量	观测数	均值	标准差	最小值	最大值
er	960	0.48	0.25	0	1
distance	960	0.62	0.31	0	1
gdp	960	0.09	0.18	0	1
urban	960	0.48	0.26	0	1
popden	960	0.04	0.13	0	1
labor	960	0.40	0.19	0	1
capital	960	0.08	0.16	0	1
fdi	960	0.09	0.17	0	1
cdi	960	0.06	0.14	0	1
tech	960	0.12	0.16	0	1
inf	960	0.37	0.19	0	1
dbindex	960	0.05	0.13	0	1
exp	960	0.52	0.24	0	1

各自变量的相关系数矩阵如表5-5所示,可以发现大部分自变量的相关系数相对较小。东道国国内生产总值与资本存量、东道国营商环境与承接中国投资等部分自变量的相关系数较高。

表5-5 企业投资项目选址模型变量相关性分析

	er	distance	gdp	urban	popden	labor	capital	fdi	cdi	tech	inf	dbindex	exp
er	1	0.28	-0.07	0.23	0.22	0.42	-0.07	0.13	0.05	0.49	0.51	0.35	0.43
distance	0.28	1	-0.05	0.44	-0.15	-0.15	-0.08	-0.10	-0.34	0.30	0.20	-0.07	0.58
gdp	-0.07	-0.05	1	0.08	0.02	0.00	0.97	0.74	0.28	0.22	0.30	0.04	-0.08
urban	0.23	0.44	0.08	1	0.24	0.28	0.04	0.26	0.18	0.43	0.61	0.32	0.21
popden	0.22	-0.15	0.02	0.24	1	0.17	0.03	0.61	0.79	0.27	0.41	0.86	-0.20
labor	0.42	-0.15	0.00	0.28	0.17	1	-0.02	0.17	0.26	0.21	0.47	0.26	0.05
capital	-0.07	-0.08	0.97	0.04	0.03	-0.02	1	0.70	0.25	0.17	0.28	0.03	-0.11
fdi	0.13	-0.10	0.74	0.26	0.61	0.17	0.70	1	0.78	0.43	0.53	0.64	-0.11
cdi	0.05	-0.34	0.28	0.18	0.79	0.26	0.25	0.78	1	0.29	0.41	0.82	-0.29
tech	0.49	0.30	0.22	0.43	0.27	0.21	0.17	0.43	0.29	1	0.61	0.37	0.37
inf	0.51	0.20	0.30	0.61	0.41	0.47	0.28	0.53	0.41	0.61	1	0.47	0.14
dbindex	0.35	-0.07	0.04	0.32	0.86	0.26	0.03	0.64	0.82	0.37	0.47	1	-0.09
exp	0.43	0.58	-0.08	0.21	-0.20	0.05	-0.11	-0.11	-0.29	0.37	0.14	-0.09	1

表5-6结论（1）-（4）分别展示了各自变量对东道国承接的中国企业投资项目总数以及绿地投资项目数、跨国并购项目数、工程合同项目数的影响系数和显著性。

从东道国环境规制情况看，中国企业的工程项目和绿地投资项目更多投资在环境规制较低的国家（地区），而跨国并购活动则更多选择环境规制严格的国家（地区），总体上看，中国企业投资项目更多落在环境规制较低的国家和地区。

从东道国与中国的地缘关系来看，对于4类不同因变量，东道国与中国距离的系数均为负值，并且对中国企业投资项目总数、绿地投资项目数以及工程合同项目数具有显著性，表明中国企业投资选址更多倾向于由近及远，与中国地缘关系更近的国家（地区），更能吸引中国企业绿地投资、工程项目。对于跨国并购项目，距离因素具有负相关关系，但不具有显著性，表明中国企业并购活动受距离影响不明显。

东道国经济规模对中国企业投资项目总数、绿地投资项目数以及工程合同项目数的系数为正，并具有显著性，表明较大的市场规模更有利于吸引中国企业投资，但并购活动的选址并不受经济规模的显著影响。

东道国城镇化水平对中国企业投资项目选址均呈现负的相关性，并且对于投资项目总数和绿地投资项目数的影响具有显著性，表明中国企业投资项目特别是绿地投资项目更多地选择了那些城镇化水平较低的国家和地区，这些国家的经济发展水平可能相对较低。

表5-6　　　　　　企业投资项目选址基础模型分析结果

	（1）项目总体	（2）绿地项目	（3）并购项目	（4）工程项目
er	-1.058*** (0.216)	-0.378 (0.615)	1.479* (0.781)	-1.449*** (0.261)
distance	-1.941*** (0.157)	-2.480*** (0.411)	-0.801 (0.493)	-1.846*** (0.194)
gdp	3.736*** (0.776)	5.192*** (1.956)	-2.619 (2.504)	4.514*** (0.992)
urban	-0.334* (0.177)	-1.649*** (0.514)	-1.038 (0.636)	-0.201 (0.213)

续表

	（1）项目总体	（2）绿地项目	（3）并购项目	（4）工程项目
popden	0.551 (0.627)	-4.780** (1.867)	-7.512*** (2.494)	1.596** (0.733)
labor	-1.613*** (0.223)	-1.892*** (0.639)	-3.519*** (0.907)	-1.608*** (0.261)
capital	-3.337*** (0.620)	-2.900** (1.456)	0.209 (1.933)	-4.641*** (0.852)
fdi	-0.105 (0.734)	-1.959 (2.007)	5.943** (2.458)	-0.301 (0.882)
cdi	5.336*** (0.446)	7.319*** (1.021)	9.327*** (1.330)	4.944*** (0.595)
tech	0.014 (0.272)	0.358 (0.950)	1.851*** (0.574)	-1.381*** (0.465)
inf	2.957*** (0.268)	2.666*** (0.688)	1.200 (0.807)	3.622*** (0.337)
dbindex	-5.062*** (0.858)	0.407 (2.071)	-4.765* (2.648)	-5.524*** (1.099)
exp	0.772*** (0.197)	0.713 (0.576)	-0.138 (0.727)	0.974*** (0.228)
N	83968	16064	13056	54848

注：根据STATA15计算得出，括号内代表稳健的标准误，*$p<0.10$，**$p<0.05$，***$p<0.01$。

从人口密度变量来看，中国企业更多在人口密度较低的国家（地区）开展绿地投资和跨国并购，这些地区市场规模可能相对较小。中国企业的工程项目投资则更多倾向于选择在人口稠密的地区，这说明当地可能有较多的工程项目需求。总体来看，中国企业投资项目总数与东道国的人口密度不具备显著的相关性，这可能与绿地投资、并购投资的选址倾向与工程项目的选址倾向相反有关。

从要素供给来看，中国企业投资项目总数、绿地投资项目数、跨国并购项目数以及工程合同项目数均与东道国劳动力占人口比例呈显著的负相关关系，说明中国企业各类投资项目均倾向于投资劳动力占比较低的国家（地区）。

中国企业投资项目总数、绿地投资项目数和工程项目数均与东道国资本存量呈现显著的负相关关系，这表明中国企业项目投资更倾向于在资本稀缺的国家落地。东道国吸引外商投资越多，越有利于吸引中国并购投资项目落地，同时东道国吸引中国直接投资越多，则与中国企业投资项目总数、绿地投资项目数、并购投资项目数、工程项目数等均具有显著的正相关性。

东道国技术水平对承接中国企业投资项目的影响并不一致，跨国并购投资项目更倾向于技术水平高的国家（地区），而工程项目更倾向于在技术水平相对落后的国家（地区）布局。绿地投资项目数量与当地的技术水平呈现正相关性，而总体上中国企业投资项目总数与当地技术水平也保持正的相关性。

从东道国配套条件来看，东道国基础设施条件越好，越有利于承接中国企业各类投资项目，特别是绿地投资项目和工程项目。东道国营商环境总体上与中国企业投资呈现显著的负相关性，说明中国企业的投资项目总体上选址在营商环境相对落后的国家（地区），但绿地投资项目仍然需要东道国改善营商环境。东道国政府支出力度越大，越有利于吸引中国企业的绿地投资项目和工程项目，但并购投资项目与政府支出关系不大。总体上看，中国企业投资项目更多倾向于政府投入力度较大的国家（地区）。

二、纳入空间因素模型结果

（一）自变量的空间相关性分析

考虑到东道国自变量可能存在空间相关性，首先对 64 国（地区）的 er、distance、gdp、urban、popden、labor、capital、fdi、cdi、tech、inf、dbindex、exp 等 13 个自变量数据进行空间相关性检验。以东道国首都城市的空间距离为基础，取倒数作为基础形成彼此之间的空间权重矩阵。表 5-7 展示了各自变量的莫兰指数和 P 值，假设自变量不具有空间相关性。

莫兰指数分析显示，13 个自变量中，除 gdp、popden、capital、fdi、tech 和 dbindex 等 6 个变量外，其他变量具有空间相关性的假设成立，P 值具有显著性。因此需要充分考虑有关变量的空间相关性。根据 64 个东道国首都城市的空间距离为基础，取倒数作为基础形成彼此之间的空间权重矩阵，生成自变量的空间滞后项。

表 5-7　　　　　　　　　模型自变量的空间相关性

	莫兰指数	P 值	显著性
er	0.48	0.00	***
distance	0.68	0.00	***
gdp	0.09	0.82	—
urban	0.48	0.00	***
popden	0.04	0.70	—
labor	0.40	0.00	***
capital	0.08	0.83	—
fdi	0.09	0.99	—
cdi	0.06	0.00	***
tech	0.12	0.80	—
inf	0.37	0.09	**
dbindex	0.05	0.96	—
exp	0.52	0.00	***

为此，将根据公式（5-6）形成的基础模型称为 Model1，在 Model1 基础上增加有关自变量空间滞后项，形成了 Model2。同时，也考虑增加全部 13 个自变量空间滞后项，形成 Model3。

（二）纳入空间因素的影响分析

第一，研究中国企业在东道国全部项目的选址，分析影响企业投资选址的因素。如表 5-8 所示，结果（1-1）为基础模型 Model1 中不考虑自变量空间相关性的回归结果，结果（1-2）和（1-3）分别为增加部分自变量空间滞后项的 Model2 以及增加全部 13 个自变量空间滞后项后的 Model3 回归结果。

通过比较结果来看，对于全部中国企业投资项目总体而言，无论是否控制东道国环境规制水平的空间滞后项，东道国环境规制水平仍然与中国企业投资项目总体上呈现显著的负相关性。表明东道国提升环境规制水平将对中国企业赴当地投资起到一定的抑制作用。

无论是否控制东道国与中国距离因素的空间滞后项，东道国与中国的距离因素始终对企业投资项目选址保持显著的负相关关系,维持距离越近、投资项目越多的趋势,只是系数大小有所变化。在增加空间滞后项后,gdp、urban 等自变量的回归系数均发生明显变化,gdp 的相关系数表现为负,并且在结果(1-3)中呈现了显著的负相关性。urban 的相关系数为正,并且在两类增加自变量空间滞后项的回归结果中均表现为具有显著性。这些都说明,控制自变量的空间滞后项使基础回归结果得到了有效的修正,中国企业投资项目总体上更倾向于在经济发展水平较低的国家和地区,并且当地城镇化水平越高,越有利于吸引中国企业投资项目。

表5-8　　　　　中国企业全部投资项目选址的模型分析结果

	(1-1)	(1-2)	(1-3)
	项目总体	项目总体	项目总体
er	-1.058*** (0.216)	-0.554** (0.282)	-0.846** (0.352)
distance	-1.941*** (0.157)	-0.861*** (0.226)	-1.650*** (0.423)
gdp	3.736*** (0.776)	-0.135 (1.111)	-5.064*** (1.379)
urban	-0.334* (0.177)	0.469** (0.221)	0.488* (0.296)
popden	0.551 (0.627)	2.063*** (0.663)	-1.089 (1.014)
labor	-1.613*** (0.223)	-1.779*** (0.245)	-1.536*** (0.296)
capital	-3.337*** (0.620)	-1.187 (0.937)	2.112* (1.182)
fdi	-0.105 (0.734)	4.276*** (0.942)	8.077*** (1.122)
cdi	5.336*** (0.446)	2.911*** (0.604)	2.412*** (0.686)
tech	0.014 (0.272)	-0.365 (0.317)	-0.761 (0.545)

续表

	(1-1) 项目总体	(1-2) 项目总体	(1-3) 项目总体
inf	2.957*** (0.268)	1.491*** (0.328)	1.548*** (0.413)
dbindex	-5.062*** (0.858)	-7.462*** (1.013)	-5.927*** (1.111)
exp	0.772*** (0.197)	0.757*** (0.221)	1.524*** (0.286)
N	83968	83968	83968

注：根据STATA15计算得出，括号内代表稳健的标准误，* $p<0.10$，** $p<0.05$，*** $p<0.01$。

从人口密度popden指标看，结果（1-2）和（1-3）并未取得一致结论，说明两类模型结果存在差异，需要考虑哪个模型结构更加合理。从劳动力指标看，无论是否控制labor变量的空间相关性，结果都显示中国企业投资项目更多选址在劳动力资源相对并不丰富的国家（地区）。

对于资本存量，结果（1-2）和（1-3）中，后者支持中国企业更倾向于在资本充足的国家（地区）选址，同样说明两个模型结构需要进一步比较，以支持更加合理的结论。对于fdi变量来说，（1-2）和（1-3）的结论均明显支持吸引外商投资更多、更加开放的国家（地区）有利于承接更多中国企业投资项目。对于中国直接投资cdi，无论是否控制其空间相关性，结果都显示中国企业投资项目总数与当地承接中国投资总额具有显著的正相关性。

关于东道国的技术水平，虽然在结果（1-2）和（1-3）中不具备显著性，回归系数则一致显示支持中国企业投资项目更多选址在技术水平较差的国家（地区）。对于东道国的基础设施、营商环境、政府支出等配套条件，结论（1-2）和（1-3）显示，无论是否增加这些变量的空间滞后项，其回归结果仍然保持稳健，结论仍然支持东道国较好的基础设施条件和政府投入力度有利于吸引更多中国项目落地，而中国企业投资项目的东道国的营商环境水平相对较低。

第二，分析中国企业在东道国绿地投资项目选址的影响因素，如表5-9所示。结果（2-1）为不考虑自变量空间相关性的Model1回归结果，结果（2-2）和（2-3）分别为增加部分自变量空间滞后项的Model2回归结果，以及增加全部 13 个自变量空间滞后项的 Model3 回归结果。

总体来看，对比结果（2-1）以及（2-2）和（2-3），环境规制变量对中国企业绿地投资项目选址不具有显著性影响，这说明对于此类项目，中国企业的区位投资选择对环境规制因素考虑不明显。由于绿地项目多是指跨国企业在东道国具有所有权的项目，相对更容易在东道国直接产生环境排放影响，因此上述结论表明中国企业绿地投资项目一般不倾向于选址环境规制较低的东道国，即使东道国采取逐底竞争的环境规制策略，不会对中国企业绿地投资项目产生影响。

对于中国企业绿地投资项目，控制自变量的空间滞后项，并未改变大部分自变量的系数符号，但却由于变量的增加，导致自变量的显著性下降。说明对于中国企业绿地投资项目选址来讲，不但与东道国当地的情况有关，还与东道国周边情况紧密相关。

对于东道国与中国的距离因素，无论是否控制 distance 的空间滞后项，都未影响系数的符号和显著性。关于 gdp、urban、popden 等体现市场规模的变量，在控制自身的空间相关性后，变量的显著性下降，但这些变量的空间相关项大部分也不具备显著性。归纳起来，中国企业绿地投资选址更多倾向于经济规模较大，城镇化率相对较低、人口密度较低的国家（地区）。中国绿地投资项目更加青睐于 gdp 规模明显高于周边国家（地区）的东道国。

对于东道国人口、资本、技术等要素情况，在控制了相关变量的空间滞后项后，中国企业绿地投资项目更多选在劳动力、资本、技术相对缺乏的国家（地区），东道国吸引外商直接投资和中国直接投资越多，越有利于承接中国企业绿地投资。绿地投资项目有利于给东道国带来资本、技术和就业，这可能是劳动力、资本、技术相对缺乏的东道国更多吸引中国企业绿地投资项目的原因。

表5-9　　　　　　中国企业绿地投资项目选址的模型分析结果

	(2-1)	(2-2)	(2-3)
	绿地项目	绿地项目	绿地项目
er	-0.378 (0.615)	-0.113 (0.820)	-1.328 (0.934)
distance	-2.480 *** (0.411)	-1.803 *** (0.584)	-2.782 ** (1.155)

续表

	(2-1)	(2-2)	(2-3)
	绿地项目	绿地项目	绿地项目
gdp	5.192*** (1.956)	0.818 (2.852)	2.303 (3.662)
urban	-1.649*** (0.514)	-0.279 (0.619)	-0.338 (0.804)
popden	-4.780** (1.867)	-1.136 (2.168)	-0.723 (3.089)
labor	-1.892*** (0.639)	-1.784** (0.732)	-1.088 (1.009)
capital	-2.900** (1.456)	-0.009 (2.399)	-2.039 (3.141)
fdi	-1.959 (2.007)	3.159 (2.573)	3.440 (3.213)
cdi	7.319*** (1.021)	2.800* (1.491)	2.513 (2.016)
tech	0.358 (0.950)	-0.376 (1.504)	-1.954 (2.471)
inf	2.666*** (0.688)	0.893 (0.879)	2.325** (1.172)
dbindex	0.407 (2.071)	-3.030 (2.697)	-2.010 (3.291)
exp	0.713 (0.576)	0.902 (0.651)	1.159 (0.835)
N	16064	16064	16064

注：根据STATA15计算得出，括号内代表稳健的标准误，$*p<0.10$，$**p<0.05$，$***p<0.01$。

对于东道国基础设施、政府投入等配套条件，控制这些自变量的空间滞后项后，这些自变量的系数符号和显著性均没有明显变化。东道国的基础设施条件改善可以对承接中国企业绿地投资项目产生显著影响，政府投入越多也与承接绿地投资项目存在正相关性。控制营商环境变量的空间相关性后，营商环境变量系数符号发生变化，但仍缺乏显著性支持。

表 5-10　　　中国企业跨国并购项目选址的模型分析结果

	(3-1)	(3-2)	(3-3)
	并购项目	并购项目	并购项目
er	1.479*	1.947*	1.840
	(0.781)	(1.039)	(1.311)
distance	-0.801	0.482	0.166
	(0.493)	(0.768)	(1.445)
gdp	-2.619	-8.881**	-10.473**
	(2.504)	(3.753)	(4.694)
urban	-1.038	0.128	1.107
	(0.636)	(0.778)	(1.089)
popden	-7.512***	-8.678***	-11.666***
	(2.494)	(2.743)	(4.080)
labor	-3.519***	-2.391**	-3.602**
	(0.907)	(1.015)	(1.451)
capital	0.209	5.818*	7.551*
	(1.933)	(3.134)	(4.004)
fdi	5.943**	9.719***	10.627***
	(2.458)	(3.158)	(3.691)
cdi	9.327***	8.007***	8.205***
	(1.330)	(2.002)	(2.480)
tech	1.851***	1.599	-0.454
	(0.574)	(0.988)	(1.410)
inf	1.200	0.138	0.693
	(0.807)	(1.019)	(1.405)
dbindex	-4.765*	-6.502*	-5.247
	(2.648)	(3.452)	(3.961)
exp	-0.138	0.415	0.497
	(0.727)	(0.820)	(1.097)
N	13056	13056	13056

注：根据 STATA15 计算得出，括号内代表稳健的标准误，* $p<0.10$，** $p<0.05$，*** $p<0.01$。

第三，分析中国企业在东道国（地区）跨国并购项目选址的影响因素。如表 5-10 所示。结果（3-1）为不考虑自变量空间相关性的 Model1 回归结果，结果（3-2）和（3-3）分别为增加部分自变量空间滞后项的 Model2 回归结果，以及增加全部13个自变量空间滞后项的 Model3 回归结果。

东道国的环境规制和营商环境等因素对中国企业的并购活动具有一定影响，在控制了空间滞后项后，发现当地的环境规制水平对跨国并购活动可能具有正向的影响力，中国企业并购活动更多选址在营商环境相对落后的地区。

对于跨国并购投资，东道国与中国的距离因素对中国企业项目选址并不产生明显影响，说明在中国企业跨国并购活动中，对于距离因素考虑较少。对于 gdp 代表的经济规模，在控制其空间相关性后，gdp 变量的系数符号并未发生变化，但显著性明显增强。结论显示中国企业的并购项目更多发生在 gdp 规模比较小，并且其周边地区 gdp 规模也较小的东道国。东道国城镇化水平并未对中国企业并购活动产生明显影响，只是在控制 urban 变量的空间相关性后，urban 变量与中国企业并购活动选址具有一定的正相关性。无论是否控制人口密度变量的空间相关性，popden 变量的系数均为负值，并保持显著的相关性，说明中国企业的并购活动更多选择在人口密度较低的东道国。

对于人口、资本等要素资源，在控制了相关变量的空间相关性后，原有结论基本保持稳健，中国企业跨国并购活动更多倾向于那些劳动力资源欠缺、资本相对充足、吸引外商直接投资和中国直接投资较多的东道国。东道国的技术水平在控制了技术变量的空间滞后项后，由原有的较为显著的正相关性变为不具备明显的相关性，这说明东道国技术水平对中国企业的并购活动不具备显著影响。东道国的基础设施条件、政府投入力度对跨国并购活动也不具有显著影响，说明中国企业并购活动较少考虑当地的基础设施、政府投入条件。

第四，分析中国企业在东道国工程建设项目选址的影响因素。如表5-11所示。结果（4-1）为不考虑自变量空间相关性的 Model1 回归结果，结果（4-2）和（4-3）分别为增加部分自变量空间滞后项的 Model2 结果，以及增加全部13个自变量空间滞后项的 Model3 结果。

总体上看，对于大部分自变量，考虑其空间滞后项后，其自身的系数符号和显著性大体保持稳健。中国企业的工程项目更多选择在环境规制水平和营商环境水平相对较低的国家（地区）。这些国家一般发展水平相对落后，对工程投资类项目的需求相对较大。

东道国与中国的距离因素仍然显著影响中国企业工程项目选址，更多的中国企业工程项目选择布局在与中国距离较近的国家（地区），这说明这些国家

（地区）的发展对工程项目需求较为迫切。

对于 gdp、urban、popden 等代表市场规模的自变量，结果（4-2）和（4-3）存在一定差异，因此需要比较两类模型哪个更加合理。在控制 urban 变量的空间滞后项后，发现中国企业工程项目选址与东道国城镇化率水平呈现正相关性，说明当地城市人口越多，可能吸引更多中国企业工程项目。从劳动力、资本、技术等要素资源来看，中国企业工程项目更多选择劳动力相对较少、承接外商投资和中国投资较多、技术水平相对较低的东道国。本身资本存量较少、而周边国家资本存量相对较多的东道国，更多吸引了中国企业工程项目。对于东道国的基础设施、营商环境、政府支出等配套政策条件，无论是否控制这些变量的空间滞后项，其自身变量的系数符号和显著性都保持稳健。东道国的基础设施和政府支出越多，越有利于承接中国企业工程项目。

表 5-11　　中国企业工程项目选址的模型分析结果

	（4-1）	（4-2）	（4-3）
	工程项目	工程项目	工程项目
er	-1.449*** (0.261)	-0.862** (0.340)	-1.203*** (0.434)
distance	-1.846*** (0.194)	-0.656** (0.281)	-1.317** (0.535)
gdp	4.514*** (0.992)	0.907 (1.425)	-5.929*** (1.778)
urban	-0.201 (0.213)	0.525* (0.272)	0.393 (0.367)
popden	1.596** (0.733)	3.085*** (0.785)	-0.852 (1.248)
labor	-1.608*** (0.261)	-2.034*** (0.288)	-1.610*** (0.350)
capital	-4.641*** (0.852)	-2.917** (1.243)	1.567 (1.552)
fdi	-0.301 (0.882)	4.091*** (1.149)	9.189*** (1.433)
cdi	4.944*** (0.595)	2.775*** (0.781)	2.333** (0.908)

续表

	(4-1)	(4-2)	(4-3)
	工程项目	工程项目	工程项目
tech	-1.381*** (0.465)	-1.798*** (0.482)	-1.453* (0.745)
inf	3.622*** (0.337)	2.165*** (0.412)	1.965*** (0.518)
dbindex	-5.524*** (1.099)	-7.952*** (1.256)	-6.625*** (1.393)
exp	0.974*** (0.228)	0.918*** (0.259)	1.804*** (0.344)
N	54848	54848	54848

注：根据STATA15计算得出，括号内代表稳健的标准误，*p<0.10，**p<0.05，***p<0.01。

（三）模型结构比较和稳健性分析

从以上结果比较来看，对于中国企业的全部投资项目、绿地投资项目、跨国并购项目、工程项目项目选址结果影响分析，如果采用不同的模型结构，回归结果存在差异，需要选择确定合理的模型结构。Model1 为不考虑全部13个自变量的空间滞后项的模型，Model2 为增加部分自变量空间滞后项的模型结构，Model3 为增加全部13个自变量的空间滞后项后的模型结构。对三个模型结构，采用最大似然估计的方式，可以得到自变量的估计系数，并进一步比较模型的似然估计值的对数以及AIC值的变化。

表5-12　　　　　不同模型结构的似然对数值比较

	全部投资项目	绿地投资项目	跨国并购项目	工程项目
Model1	-436.66	-115.73	-107.73	-371.69
Model 2	-381.43	-103.92	-99.03	-319.69
Model 3	-352.18	-99.28	-95.07	-289.49
Model 2 - Model 1	55.23	11.81	8.7	52
Model 3 - Model 2	29.25	4.64	3.96	30.2

表5-12展示了不同模型结构下，分析中国企业全部投资项目、绿地投资

项目、跨国并购项目、工程项目项目选址结果的影响因素,得到不同模型结构的似然估计值对数值。

通过比较 Model2 – Model1,得到增加部分变量空间滞后项后,四类投资项目回归的似然估计值均有所增大,表明 M2 模型结构相比于 Model1 模型结构,对因变量进行了更加充分的拟合。比较 Model3 – Model2,得到增加全部 13 个变量空间滞后项后,四类投资项目回归的似然估计值进一步增大,表明 Model3 模型结构相比于 Model2 模型结构,对因变量进行了更加充分的拟合。因此比较三个模型结构,从似然估计对数值的变化,可发现增加全部 13 个自变量空间滞后项的 Model3 模型结构更加合理。

但不断增加模型的自变量,虽然有利于提高模型的拟合程度,但可能会导致过度拟合现象,需要进一步评估不同模型结构的 AIC 指标变化。表 5 – 13 则展示了不同模型结构下,分析中国企业全部投资项目、绿地投资项目、跨国并购项目、工程项目项目选址结果的影响因素,得到不同模型结构的 AIC 值。

表 5 – 13 不同模型结构的 AIC 值比较

	全部投资项目	绿地投资项目	跨国并购项目	工程项目
Model1	901.33	259.47	242.35	771.38
Model 2	802.86	247.44	238.06	679.39
Model 3	758.35	252.56	244.14	632.98
Model 2 – Model 1	–98.46	–12.03	–4.29	–91.99
Model 3 – Model 2	–44.52	5.12	6.08	–46.41

通过比较 Model2 – Model1,得到增加 6 个变量空间滞后项后,四类回归计量的 AIC 值均有所减少,表明 Model2 模型结构相比于 Model1 模型结构更加合理。比较 Model3 – Model2,得到增加全部 13 个变量空间滞后项后,对于全部投资项目和工程项目的回归计量 AIC 值进一步下降,表明 Model3 的模型结构更加合理。但对于绿地投资项目、跨国并购项目的回归计量 AIC 值则有所上升,说明出现了过度拟合问题。对于绿地投资项目、跨国并购项目的回归计量应采取 Model2 模型结构更为合理。

同时,对 Model1、Model2、Model3 进行 LRtest 检验。LRtest 检验一般用于不同模型结构之间是否具有显著变化。因此,可以通过 LRtest 检验,比较 Model2 相对于 Model1 结构是否具有显著变化,Model3 相对于 Model2 结构是否具有显著变化。表 5-14 展示了 Model2 相对于 Model1 的 LRtest 检验结果，和 Model3 相对于 Model2 的 LRtest 检验结果。

表 5-14　　　　　　　　不同模型结构的 LRtest 检验结果

	全部投资项目	绿地投资项目	跨国并购项目	工程项目
Model 1 - Model 2	110.46	24.03	16.28	103.98
P 值	0.00	0.00	0.01	0.00
Model 2 - Model 3	58.51	8.88	7.93	60.42
P 值	0.00	0.26	0.34	0.00

可以看出，对于全部投资项目、绿地投资项目、跨国并购项目、工程项目，Model2 相对于 Model1 结构都具有显著变化。而进一步比较 Model3 相对于 Model2 的模型结构，对于全部投资项目和工程项目，Model3 相对于 Model2 的模型结构具有显著变化，但对于绿地投资项目、跨国并购项目，Model3 相对于 Model2 的模型结构不具有显著变化。综上所述，考虑不同模型结构的似然对数值和 AIC 值变化以及 LRtest 检验结果，对于全部投资项目和工程项目采用 Model3 的模型结构，对于绿地投资项目、跨国并购项目采用 Model2 的模型结构。将结论（1-3）、（2-2）、（3-2）、（4-3）展示如表 5-15 所示。

将表 5-15 与表 5-16 展示的不考虑自变量可能存在的空间因素的基础模型回归结果相比，对于各类投资项目选址，考虑自变量在空间方面存在一定相关性的回归结果更加合理。

第一，对于中国企业投资项目的总体样本而言，东道国的环境规制水平与企业投资选址结果呈显著的负相关性，即东道国提升环境规制将抑制中国企业投资。东道国较强的环境规制水平与中国企业绿地投资项目和工程项目选址结果呈现负相关性，并且对于工程项目选址呈现显著的负相关性，这表明东道国较强的环境规制水平可能抑制工程项目投资选址和绿地项目投资选址。但对于并购项目，东道国环境规制水平与中国企业项目投资选址结果呈现显著的正相关性。一般认为环境规制水平较高的国家发展水平相对较高，因此可能更有利于吸引中国企业的跨国并购项目。

第二，关于东道国与中国的地缘关系，东道国与中国距离对中国企业投资项目选址的总数仍然保持显著的负相关性，对于绿地投资项目和工程项目，距离因素呈现显著的负相关性，说明中国企业更倾向于将绿地投资项目和工程项目布局在与中国距离相对较近的东道国,而中国企业的跨国并购项目并不受距离因素显著影响。

表 5-15　　　　　　　纳入空间因素的企业选址模型分析结果

	(1-3)	(2-2)	(3-2)	(4-3)
	项目全体	绿地项目	并购项目	工程项目
er	-0.846**	-0.113	1.947*	-1.203***
	(0.352)	(0.820)	(1.039)	(0.434)
distance	-1.650***	-1.803***	0.482	-1.317**
	(0.423)	(0.584)	(0.768)	(0.535)
gdp	-5.064***	0.818	-8.881**	-5.929***
	(1.379)	(2.852)	(3.753)	(1.778)
urban	0.488*	-0.279	0.128	0.393
	(0.296)	(0.619)	(0.778)	(0.367)
popden	-1.089	-1.136	-8.678***	-0.852
	(1.014)	(2.168)	(2.743)	(1.248)
labor	-1.536***	-1.784**	-2.391**	-1.610***
	(0.296)	(0.732)	(1.015)	(0.350)
capital	2.112*	-0.009	5.818*	1.567
	(1.182)	(2.399)	(3.134)	(1.552)
fdi	8.077***	3.159	9.719***	9.189***
	(1.122)	(2.573)	(3.158)	(1.433)
cdi	2.412***	2.800*	8.007***	2.333**
	(0.686)	(1.491)	(2.002)	(0.908)
tech	-0.761	-0.376	1.599	-1.453*
	(0.545)	(1.504)	(0.988)	(0.745)
inf	1.548***	0.893	0.138	1.965***
	(0.413)	(0.879)	(1.019)	(0.518)
dbindex	-5.927***	-3.030	-6.502*	-6.625***
	(1.111)	(2.697)	(3.452)	(1.393)
exp	1.524***	0.902	0.415	1.804***
	(0.286)	(0.651)	(0.820)	(0.344)
N	83968	16064	13056	54848

注:根据 STATA15 计算得出,括号内代表稳健的标准误,* $p<0.10$,** $p<0.05$,*** $p<0.01$。

第三,关于东道国的市场规模涉及的 gdp、urban、popden 等变量,总体来

第五章 东道国环境规制对中国企业投资选择的影响分析

看中国企业投资项目更多倾向于选择经济规模相对较小、城镇化率水平相对较高、人口密度较低的国家（地区）。中国企业的跨国并购项目和工程项目选择经济规模较小的东道国，而东道国的经济规模对中国企业绿地投资项目的影响比较有限。东道国城镇化率对中国企业的绿地投资项目选择呈现负的相关性，但对并购投资和工程项目具有正的相关性，总体上看，东道国城镇化率对于中国企业投资项目选址具有显著的正相关性。东道国人口密度对于中国企业各类投资项目都呈现负的相关性，其中对并购投资项目具有显著的负相关性。

第四，对于东道国的劳动力、资本、技术等要素条件，总体来看中国企业各类投资项目更多选址在劳动力占比相对缺乏的国家（地区），东道国资本存量对吸引中国企业投资项目总数具有显著的正相关性，并购投资活动更倾向于选择在资本存量较为充足的国家（地区），资本存量对于中国企业工程项目选址具有正的相关性，对绿地投资项目具有负相关性，但不具有显著性。东道国具备更强的吸引国际直接投资、中国直接投资的能力，更有利于吸引中国各类企业投资项目落地。东道国技术水平对中国企业投资项目总体上不具备显著影响。

第五，从东道国基础设施、营商环境、政府支出等配套条件看，基础设施条件越好、政府投入力度越大，越有利于承接中国企业各类投资项目落地，特别是对承接中国工程项目投资具有显著的正相关性。中国企业各类投资项目都倾向于选址在营商环境水平较低的国家（地区），但东道国的营商环境对中国企业的绿地投资项目选址不具备显著影响。

表 5-16　　　　　企业选址模型分析结果的稳健性检验

	(1-3)	(2-2)	(3-2)	(4-3)
	项目全体	绿地项目	并购项目	工程项目
空间权重矩阵（各国首都城市间距离因素）				
er	-0.846**	-0.113	1.947*	-1.203***
	(0.352)	(0.820)	(1.039)	(0.434)
空间权重矩阵（各国相邻关系）				
er	-0.610*	-1.308	1.322*	-1.015**
	(0.334)	(0.771)	(0.862)	(0.421)
空间权重矩阵（各国经济距离因素关系）				
er	-2.018***	-0.788	1.650**	-2.633***
	(0.289)	(0.695)	(0.819)	(0.363)

注：根据 STATA15 计算得出，括号内代表稳健的标准误，$*p<0.10$，$**p<0.05$，$***p<0.01$。

考虑到上述研究结果充分考虑了东道国自身区位因素的空间相关性，构建并使用了纳入空间因素的离散选择模型。为了检验模型结果的稳健性，考虑通过变换不同的空间权重矩阵的方法，观察相关模型结构下的实证分析结果是否发生较大变化。原模型使用的空间权重矩阵是基于"一带一路"64国（地区）首都城市之间的空间距离因素而构建的，因此采用另外两种方法构建空间权重矩阵，一种是根据64国（地区）之间的空间相邻关系，构建新的空间权重矩阵，即两国相邻为1，不相邻为0；另一种是根据64国（地区）之间的经济距离关系，构建新的空间权重矩阵，即使用两国人均GDP水平差值的倒数形成空前权重矩阵。应用两种新的空间权重矩阵，对于全部投资项目和工程项目采用Model3的模型结构，对于绿地投资项目、跨国并购项目采用Model2的模型结构，结果如表5-16所示。将新的结果与表5-15展示的原有结果比较，对于本书关注的东道国环境规制水平指标，变换空间权重矩阵并未改变模型结果，证明原有结果具有较好的稳健性。

三、不同行业企业选址结果分析

根据Model3，分行业讨论中国企业投资项目选址的影响因素。2005~2019年，中国企业在64国（地区）的投资项目总计1312个，分别属于能源、交通物流、不动产及公用设施、金属矿石、科技、化工、农业、金融、服务等9大领域，中国企业的投资项目数分别为489、278、226、90、45、38、34、18、94个。其中能源、交通物流、不动产及公用设施、金属矿石为开展较早的传统投资领域，科技、化工、农业、金融、服务是逐步增加的产业投资领域。

（一）传统领域企业选址影响因素

表5-17展示了以能源、交通物流、不动产及公用设施、金属矿石领域中国企业投资选址情况为因变量的回归结果。

从表5-17中可以发现，东道国环境规制水平对能源、交通物流、不动产及公用设施领域中国企业投资选址具有一定的抑制作用。此外，东道国与中国的距离对承接这些行业的中国企业投资数量具有显著的负相关性，说明中国企业的上述行业项目更多布局在与中国距离较近的国家（地区）。中国企业的能源、交通物流、不动产及公用设施领域投资项目更多倾向于选址在经济规模较

第五章 东道国环境规制对中国企业投资选择的影响分析

大的东道国,而金属矿石领域投资项目则倾向于选址在经济规模较小的东道国。交通物流领域中国企业投资项目选址与东道国的城镇化率呈显著的负相关性,与东道国的人口密度呈显著的正相关性。中国企业的金属矿石项目选址更倾向于人口密度相对较低的东道国。

从东道国劳动力、资本、技术等要素条件看,能源、交通物流、不动产及公用设施、金属矿石等四类中国企业投资项目均倾向于选址在劳动力占人口比重相对较低东道国,能源、交通物流、不动产及公用设施等投资项目倾向于选址在资本存量相对较低的东道国。东道国吸引更多外商直接投资、开放程度越高,则意味着更有利于吸引中国企业的金属矿石项目,但可能不利于吸引中国企业的交通物流项目。对于这四个领域,东道国承接的中国直接投资与落地的中国企业投资项目数显著正相关。中国企业的能源、不动产及公用设施类投资项目更多选址在那些技术水平相对较低的国家(地区)。

表 5-17 传统领域企业项目选址的模型分析结果

	能源	交通物流	不动产及公用设施	金属矿石
er	-0.892^{**} (0.352)	-0.685 (0.459)	-2.546^{***} (0.555)	0.081 (1.219)
distance	-2.275^{***} (0.250)	-1.366^{***} (0.342)	-1.657^{***} (0.406)	-2.472^{***} (0.729)
gdp	4.222^{***} (1.258)	7.350^{***} (1.808)	4.523^{**} (2.066)	-8.691^{**} (3.741)
urban	0.174 (0.268)	-1.778^{***} (0.410)	0.427 (0.443)	-0.601 (0.934)
popden	-0.406 (1.091)	3.144^{***} (1.201)	0.187 (1.484)	-17.735^{***} (3.916)
labor	-2.563^{***} (0.373)	-0.819^{*} (0.474)	-0.966^{*} (0.496)	-3.272^{**} (1.401)
capital	-4.293^{***} (1.022)	-6.139^{***} (1.533)	-4.316^{**} (1.793)	5.266 (3.226)
fdi	0.167 (1.183)	-2.793^{*} (1.692)	-0.327 (1.759)	9.256^{***} (3.104)
cdi	7.065^{***} (0.698)	3.586^{***} (1.151)	3.796^{***} (1.251)	12.370^{***} (1.777)

续表

	能源	交通物流	不动产及公用设施	金属矿石
tech	-1.721** (0.734)	0.371 (0.608)	-1.754* (1.042)	-1.633 (2.339)
inf	2.658*** (0.435)	3.271*** (0.606)	3.686*** (0.662)	1.946* (1.139)
dbindex	-6.852*** (1.535)	-2.784 (1.792)	-1.675 (2.200)	-1.428 (4.251)
exp	1.009*** (0.319)	0.648 (0.422)	0.623 (0.421)	1.478 (1.151)
N	31296	17792	14464	5760

注：根据 STATA15 计算得出，括号内代表稳健的标准误，*p<0.10，**p<0.05，***p<0.01。

从基础设施、营商环境、政府投入等配套条件看，东道国良好的基础设施条件均有利于承接更多的能源、交通物流、不动产及公用设施、金属矿石等四类中国企业投资项目。东道国较强的政府投入也有利于承接更多的能源项目，政府投入也与交通物流、不动产及公用设施、金属矿石等中国企业投资项目选址存在正的相关性。中国企业的能源项目更多布局在服务企业的营商环境能力以及政府环境规制水平相对较低的东道国家。东道国的营商环境水平也与交通物流、不动产及公用设施、金属矿石等中国企业投资项目存在负的相关性。

（二）新的投资领域企业选址影响因素

表 5-18 展示了以科技、化工、农业、金融、服务等领域中国企业在东道国投资项目选址情况为因变量的回归结果。

总体来看，中国企业不同产业领域项目布局与东道国的环境规制水平的关系存在差异，其中化工领域产业项目更多布局在环境规制水平较低的国家（地区），而服务领域产业项目更多布局在环境规制水平较高的国家（地区）。

东道国与中国的距离因素对部分行业投资项目选址具有显著影响，中国企业的科技、化工、服务业投资项目选址倾向于布局在与中国距离较近的国家（地区），而农业、金融领域投资项目选址则与东道国和中国的距离因素不具备显著影响。

从 gdp、urban、popden 等东道国市场规模因素来看,科技、金融类的中国企业投资项目更多倾向于布局在经济规模较大的国家(地区),多数领域产业投资项目倾向于投资在城镇化率较低的国家(地区),其中东道国城镇化率对科技、农业领域的中国企业投资项目布局具有显著的负相关性。化工领域中国企业产业项目选址与东道国人口密度存在显著的负相关性,人口密度越高越不利于化工项目选址。

从劳动力、资本、技术等要素条件来看,科技、化工、农业、金融等领域项目选址均倾向于劳动力比例较低的东道国。其中,科技、化工领域的项目选址对东道国劳动力情况还具有显著的负相关性。服务领域投资项目选址情况与当地的劳动力情况具有正的相关性。

科技、农业、金融等领域投资项目选址倾向于资本存量相对较低的东道国,结论具有显著性。化工领域产业投资项目更多选址在吸引外商直接投资、中国直接投资较多的东道国。

东道国的技术水平对科技、农业、金融、服务等领域中国企业投资项目选址具有显著的正相关性,东道国技术水平越高,越有利于吸引更多中国科技、农业、金融、服务等领域投资项目。

从东道国基础设施、营商环境、政府投入等配套条件看,良好的基础设施对承接中国各类投资项目具有正的相关性,特别是有利于承接科技、化工、服务领域项目。中国化工类项目更多布局在营商环境水平较低的东道国。东道国政府投入力度越大,越有利于承接中国企业的服务业项目。

表 5-18　　　　　新兴领域企业项目选址的模型分析结果

	科技	化工	农业	金融	服务
er	0.490 (2.161)	-3.974* (2.029)	-1.464 (1.638)	2.696 (2.369)	2.623*** (0.878)
distance	-3.761*** (1.288)	-2.305** (0.984)	-1.440 (1.122)	-0.267 (1.450)	-2.405*** (0.691)
gdp	22.880*** (6.077)	-7.667 (4.945)	4.559 (5.479)	15.611* (8.976)	-0.175 (3.723)
urban	-6.531*** (1.986)	0.821 (1.248)	-2.854** (1.417)	-1.420 (2.228)	-1.043 (0.790)

续表

	科技	化工	农业	金融	服务
popden	5.739 (4.717)	-15.101*** (5.006)	0.205 (4.573)	-3.252 (6.889)	-3.472 (2.966)
labor	-4.120** (1.993)	-7.959*** (2.437)	-0.139 (1.577)	-1.941 (2.590)	0.365 (0.877)
capital	-20.762*** (5.621)	-7.168 (5.022)	-9.711* (5.024)	-13.868* (7.380)	2.806 (2.951)
fdi	-3.910 (5.733)	22.839*** (5.502)	8.931 (5.537)	-3.474 (9.147)	-0.433 (3.062)
cdi	0.962 (5.558)	9.459** (3.806)	-5.117 (5.459)	2.423 (6.269)	1.048 (2.113)
tech	5.217*** (1.482)	-3.594 (2.709)	3.131*** (1.123)	4.933*** (1.558)	1.559** (0.754)
inf	6.565*** (2.278)	5.663*** (1.724)	2.634 (1.814)	1.006 (2.237)	3.571*** (1.073)
dbindex	-2.874 (6.867)	-16.364** (7.659)	-2.685 (6.256)	3.313 (6.265)	3.682 (3.033)
exp	0.867 (1.912)	-1.225 (1.869)	-1.546 (1.454)	-2.434 (2.199)	2.312*** (0.766)
N	2880	2432	2176	1152	6016

注：根据 STATA15 计算得出，括号内代表稳健的标准误，* $p<0.10$，** $p<0.05$，*** $p<0.01$。

小 结

本章围绕"一带一路"绿色发展，综合分析东道国环境规制因素对中国企业投资区位选择的影响。以中国企业对"一带一路"64国（地区）的投资项目选址结果作为研究对象，整理了中国企业对"一带一路"投资的区位选择数据，基于纳入空间因素的离散选择模型（Logit模型），构建企业选址模型。对不同模型结构进行了比较分析，实证检验了"一带一路"东道国环境规制水平以及其他区位因素对中国企业投资项目选址的影响，并通过变换不同的空间权重矩阵方式，对结果进行了稳健性检验。

首先，分领域、分区域整理了中国企业投资项目总量以及中国企业绿地投资、跨国并购、工程项目的情况。2005~2019年中国企业对沿线相关国家投资额超过1亿美元的项目共1312个，其中绿地投资项目、跨国并购项目、工程项目分别为251、204、857个。能源、交通物流、不动产及公用设施、金属矿石等领域是中国企业传统对外投资领域，近年来中国企业投资也逐步向科技、化工、农业、金融、服务业等领域延伸。能源是中国企业投资项目数量最多的领域，主要分布在东南亚、南亚和西亚北非地区。交通物流、不动产及公用设施两大领域投资项目数量分别相当于能源领域项目的一半，主要分布在东南亚和南亚地区。金属矿石领域项目主要分布在东南亚地区。中国企业在沿线国家（地区）的科技、化工、农业、金融、服务业等领域的投资项目数累计达到229个。南亚和东南亚地区承接了较多科技项目。化工项目更多布局在西亚北非和东南亚地区。农业领域投资项目数量相对较少，金融领域合作项目在2009年国际金融危机后逐步增加。东南亚、南亚、西亚北非地区承接服务业投资项目相对较多。

其次，本章综合运用离散选择模型，构建了纳入空间因素的中国企业在东道国的投资项目选址模型，运用AIC值比较、LRtest检验等多种方法确定合理的模型结构，实证检验了东道国环境规制等对中国企业投资项目总数、绿地投资项目数、跨国并购项目数、工程项目数的影响。结果显示，总体来看，东道国的环境规制水平与中国企业投资结果呈显著的负相关性，即东道国提升环境规制将抑制中国企业投资。东道国较强的环境规制水平与中国企业绿地投资项目和工程项目选址结果呈现负相关性，这表明东道国较强的环境规制水平可能抑制工程项目投资选址和绿地项目投资选址。但对于跨国并购项目，东道国环境规制水平与中国企业项目投资选址结果呈现显著的正相关性。一般认为环境规制水平较高的国家发展水平相对较高，因此可能更有利于吸引中国企业的跨国并购项目。此外，中国企业更倾向于将绿地投资项目和工程项目布局在距离相对较近的东道国。中国企业的跨国并购项目更倾向于选择在资本存量较为充足的东道国。东道国基础设施条件越好、政府投入力度越大，越有利于承接中国企业各类投资项目落地。

最后，本章进一步检验了不同领域中国企业投资项目选址结果的影响因素。结果显示，东道国环境规制水平对能源、交通、物流等传统行业以及科技、化工、农业、金融、服务等新兴行业的中国企业投资影响存在一定差异。

在传统领域，东道国环境规制水平对能源、交通物流、不动产及公用设施等领域中国企业投资选址具有一定的抑制作用。在新兴行业领域，中国企业项目布局与东道国的环境规制水平的也存在一定差异，其中化工领域项目更多布局在环境规制水平较低的国家（地区），而服务领域项目更多布局在环境规制水平较高的国家（地区）。

第六章

中国对"一带一路"沿线投资的环境效应分析

本章以经济开放对环境排放的规模、结构、技术效应模型为基础,分析"一带一路"64国(地区)承接外商直接投资对当地环境排放的影响,进一步将中国直接投资(CDI)和除中国以外的国际直接投资加以区别,实证检验CDI是加重还是减轻了对东道国碳排放的影响,并考虑"一带一路"沿线64国(地区)在所属区域和经济发展水平上的差异性,对CDI的碳排放影响进行异质性分析。

第一节 "一带一路"沿线碳排放情况

中国与"一带一路"各国都面临节能减排和绿色发展的任务,其中中国、新加坡、斯洛伐克、不丹、匈牙利等已经明确了"碳中和"的时间目标。但实现全球"碳中和"的目标,仍然面临较大压力,需要共同应对生态环境和气候变化所带来的挑战,积极推动绿色发展转型。

总体来看,"一带一路"各国的二氧化碳排放总量不断增加,占全球的比重也不断提高,与此同时,投资对东道国的二氧化碳排放的影响引起了更为广泛的关注。从图6-1可以看出,64国(地区)二氧化碳排放总量从2003年的6923万吨增长到2018年的10889万吨,并且占全球二氧化碳排放的比重也从26.28%上升到30.82%。

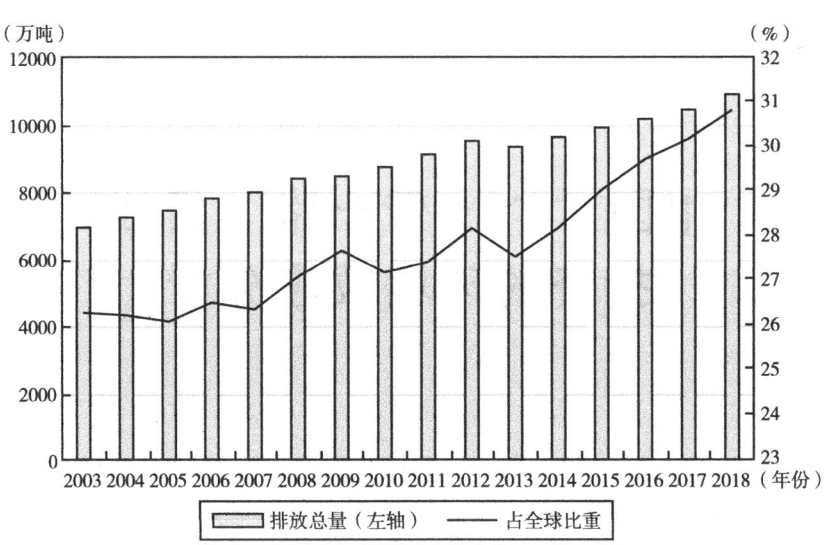

图 6-1 2003~2018 年 "一带一路" 沿线国家碳排放量和全球占比

数据来源：根据全球碳图集（Globa Lcarbon Atlas）①整理而成。

分区域来看，如图 6-2 所示，西亚北非的二氧化碳排放总量一直最高（仅 2018 年低于南亚），从 2003 年的 1677.2 万吨持续增长，到 2018 年已经逼近 2933.9 万吨，年均增长率为 3.8%。南亚的二氧化碳排放总量 2003~2007 年在六个地区中排在第三位，但 2008 年后超过东南亚排在第二位，并且增长势头较快，2018 年已经超过了西亚北非，排放量为 2998.9 万吨，2003~2018 年二氧化碳排放年均增长率为 6%。东北亚地区的二氧化碳排放总量相对稳定，与其他五个地区相比增长不大，2003 年为 1533.7 万吨，到 2018 年仅增长 205.1 万吨，达到 1738.8 万吨，年均增长率 0.8%。东南亚二氧化碳排放增长较快，从 2003 年的 872.7 万吨增长到 2018 年的 1064.8 万吨，年均增长率为 4.1%，排放量在 2009 年超过了中东欧。中东欧是唯一实现二氧化碳排放量下降的地区，从 2003 年最高时的 1239.9 万吨，下降到 2018 年的 1103.8 万吨，年均降幅为 0.8%。中亚的二氧化碳排放量最小，仅 2018 年超过 500 万吨，为 508.5 万吨，2003~2018 年的年均增长率为 2.7%。

---

① http://www.globalcarbonatlas.org/en/CO2-emissions.

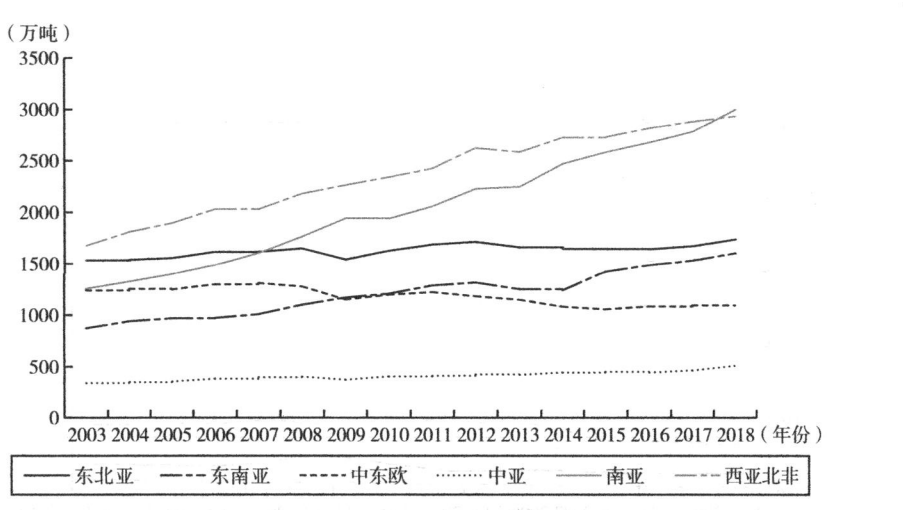

图6-2 2003~2018年六大区域碳排放总量情况

64国（地区）中，2018年二氧化碳排放总量最多的是印度，排放量为2654万吨。第二位为俄罗斯，排放量为1710万吨，第三位伊朗排放量720万吨。沙特阿拉伯和印度尼西亚分列第4、5位，排放量分别为621.3万吨、614.9万吨。排放量最多的前10个国家中，位于西亚北非、东南亚地区的国家各有3个。2003年排放量前五位国家与2018年相近，但波兰位列第五，排放量为319.4万吨，印度尼西亚排第6位，排放量为316.7万吨。从趋势上看，印度的排放量增加最大，年均增长率为6.1%，其次为印度尼西亚和沙特阿拉伯，年均增长率分别为4.5%、4.4%。

如图6-3所示，从人均二氧化碳排放量来看，西亚北非地区人均二氧化碳排放量最高，2003~2008年一度超过200吨，但总体上看有所下降，2018年的排放量为181.7吨。中东欧的排放量位居第二，超过100吨，从趋势上看有所下降，2018年的排放量为108.8吨。东南亚、中亚、中东欧和中亚的人均排放量较低，不到50吨。东南亚的排放量2003年为33.7吨，2018年增加到47.8吨。南亚的排放量最低，历年均低于10吨，但有增长趋势，从2003年的4.9吨增加到2018年的9.5吨。

2018年，人均二氧化碳排放最多的国家是卡塔尔，排放量为38.0吨，科威特居第二位排放量为23.7吨，阿联酋、巴林和文莱分列3~5位，排放量分别为21.3吨、19.8吨、18.5吨。2003年情况与2018年相似，但沙特阿拉伯排在第5位，排放量为14.5吨。从趋势上来看，这些国家的人均排放量呈下降趋势。

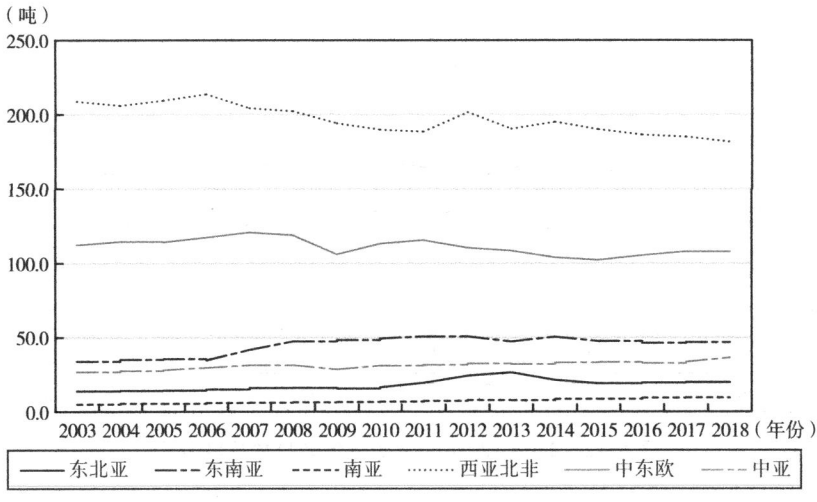

图 6-3 2003~2018 年六大区域人均碳排放情况

第二节

国际直接投资对"一带一路"的碳排放影响

本节基于经济开放对环境排放的规模、结构、技术效应模型和面板数据，实证检验承接国际直接投资对"一带一路"沿线各国碳排放带来的影响。

一、国际投资的环境影响模型构建

规模、结构、技术效应模型是用来分析经济开放对东道国环境影响的主要方法，讨论 FDI 是否加重了东道国的污染排放，需要控制规模、结构、技术三个方面主要因素，这些因素都可能对环境产生影响。基于面板数据的固定效应模型，构建了"一带一路"国家（地区）吸引 FDI 对当地的环境排放总量的影响分析模型如下：

$$P_{it} = \beta_0 + \beta_1 FDI\_f_{it} + \beta_2 gdp_{it} + \beta_3 capp_{it} + \beta_4 ei_{it} + \beta_5 er_{it} + X\delta + \mu_i + \theta_t + \varepsilon_{it}$$

(6-1)

其中，i 代表承接投资的相关国家，t 为年份。变量 P 是各国（地区）单

元的二氧化碳排放总量。FDI代表东道国吸引的国际直接投资额,是本模型关注的核心变量,使用的是FDI流量数据。在其他控制变量中,gdp代表东道国的经济规模,控制了当地的规模效应;capp为东道国人均资本,代表当地的结构效应;ei为东道国的单位产出能耗,代表当地的技术水平,以控制东道国的技术效应;er为东道国的环境政策水平,以控制当地的规制效应。X代表其他的各类控制因素,本模型中主要包括Expo,为东道国的出口额,代表当地的开放程度,以及东道国的人口密度popden。μ_i控制各承接单元的固定效应,θ_t则控制年份固定效应,ε为误差项,βs和δ均为待估系数。

为进一步比较验证FDI对东道国环境排放的影响,使用FDI存量数据代替流量数据,形成检验模型。具体如下:

$$P_{it} = \beta_0 + \beta_1 FDI\_s_{it} + \beta_2 gdp_{it} + \beta_3 capp_{it} + \beta_4 ei_{it} + \beta_5 er_{it} + X\delta + \mu_i + \theta_t + \varepsilon_{it}$$

(6-2)

其中,i代表承接投资的相关国家,t为年份。变量P是各国(地区)单元的二氧化碳排放总量。FDI采用了存量数据,以替代流量数据。其他控制变量保持不变,μ_i控制各承接单元的固定效应,θ_t则控制年份固定效应,ε为误差项,βs和δ均为待估系数。

二、国际直接投资对东道国碳排放的影响分析

(一) 国际直接投资对碳排放总量的影响

根据公式 (6-1) 和公式 (6-2),重点分析国际直接投资对东道国二氧化碳排放的影响。同时,考虑到FDI对排放影响可能存在时间滞后性,当年投资落地到对经济系统产生影响,可能会滞后若干年时间,因此构建考虑FDI时间滞后项的环境影响分析模型,用来评估"一带一路"64国(地区)吸收国际直接投资对当地碳排放的影响的稳健性。具体如下:

$$P_{it} = \beta_0 + \beta_1 FDI\_f\_lag_{it} + \beta_2 gdp_{it} + \beta_3 capp_{it} + \beta_4 ei_{it} + \beta_5 er_{it} + X\delta + \mu_i + \theta_t + \varepsilon_{it}$$

(6-3)

其中,i代表承接投资的相关国家,t为年份。变量P是各国(地区)单元的二氧化碳排放总量,核心自变量为FDI流量数据的时间滞后项,在模型中使用滞后1年、滞后2年、滞后3年三种情况,即核心自变量的t-1,t-2, t-3 滞后项对排放的影响。

其他控制变量中，gdp 代表各国（地区）的经济总量，可以用来反映当地的市场规模和容量，在模型中可以控制规模带来的效应；capp 为各国（地区）人均的资本存量水平，代表当地的结构特征带来的结构效应；ei 为东道国的单位产出能耗，代表当地的技术水平，以控制东道国技术带来的效应；er 为东道国的环境政策水平，以控制当地规制水平带来的效应。X 代表其他的各类控制因素，本模型中主要包括 Expo，为东道国的出口额，代表当地的开放程度，以及东道国的人口密度 popden。μ_i 控制各承接单元的固定效应，θ_t 则控制年份固定效应，ε 为误差项，βs 和 δ 均为待估系数。根据 2003~2018 年 "一带一路" 国家各变量数据整理情况，得到描述性统计分析，如表 6-1 所示。

表 6-1　　　国际直接投资对碳排放影响模型变量描述性统计

变量	观测数	均值	标准差	最小值	最大值
lnFDI_f(t)	965	7.17	1.85	0.65	11.26
lnFDI_f(t-1)	905	7.15	1.86	0.65	11.23
lnFDI_f(t-2)	846	7.131	1.86	0.65	11.23
lnFDI_f(t-3)	789	7.11	1.87	0.65	11.23
lnFDI_s(t)	1012	9.42	2.02	0.01	14.21
lnFDI_s(t-1)	948	9.38	2.01	0.01	14.15
lnFDI_s(t-2)	884	9.34	1.99	0.01	13.92
lnFDI_s(t-3)	820	9.30	1.98	0.01	13.90
lnCO$_2$	1019	3.60	1.68	0.15	7.88
lngdp	1011	24.57	1.67	20.11	28.63
lncapp	960	7.06	1.31	3.06	10.40
lnei	960	4.81	0.56	1.84	6.52
lner	917	1.74	0.37	0.69	2.39
lnExpo	1002	23.32	2.08	15.76	26.99
lnpopden	1024	4.51	1.32	0.46	8.98

根据公式（6-3），采用固定效应的模型检验方法，得到 2003~2018 年，"一带一路" 64 国（地区）吸引 FDI 流量数据及其时间滞后项，对当地碳排放的影响，结果如表 6-2 所示。无论是 FDI 当期流量，还是滞后 1 期、滞后 2 期、滞后 3 期的 FDI 流量，对 64 国（地区）的碳排放均具有显著的正相关性。

说明当地承接 FDI 越多，则当地的碳排放总量增加的越多。对于 FDI 的时间滞后项，这种显著的正相关性仍然成立，说明了 FDI 流量的这种显著影响具有稳健性。

从其他控制变量来看，经济规模、人均资本存量等指标保持显著的正相关性，支持了规模效应、结构效应带来的预期。采用单位产出能耗的技术指标也保持正的相关性，也支持了技术效应对排放的负向预期结果。环境规制指标保持了负的相关性，即东道国环境规制越强，当地的碳排放总量越低，符合预期，但尚不具备显著性。其他控制变量中，出口额对当地碳排放总量的影响保持正的相关性，表明出口额越多仍可能隐含较多的碳排放。人口密度则与当地的碳排放总量保持显著的正相关性，说明东道国人口规模的增加将显著增加当地的碳排放总量。

表 6-2 国际直接投资流量对"一带一路"碳排放的影响结果

	(1)	(2)	(3)	(4)
	t	t-1	t-2	t-3
lnFDI_f	0.033***	0.034***	0.028***	0.026***
	(0.010)	(0.009)	(0.007)	(0.007)
lngdp	0.264**	0.230*	0.221*	0.187*
	(0.123)	(0.120)	(0.112)	(0.108)
lncapp	0.127**	0.145**	0.177***	0.207***
	(0.062)	(0.057)	(0.053)	(0.051)
lnei	0.666***	0.674***	0.736***	0.757***
	(0.114)	(0.115)	(0.112)	(0.120)
lner	-0.042	-0.043	-0.033	-0.022
	(0.083)	(0.074)	(0.072)	(0.071)
lnExpo	0.076	0.087	0.090	0.095
	(0.061)	(0.062)	(0.061)	(0.062)
lnpopden	0.505***	0.522***	0.525***	0.553***
	(0.159)	(0.155)	(0.146)	(0.165)
N	802	756	709	662
R^2	0.684	0.677	0.680	0.669

注：根据 STATA15 计算得出，括号内代表稳健的标准误，*$p<0.10$，**$p<0.05$，***$p<0.01$。

同样考虑分析 FDI 的存量数据对东道国碳排放的影响，得到公式（6-4），对于 FDI 存量数据，考虑时间滞后 1 年、滞后 2 年、滞后 3 年三种情况，即核心自变量的 t-1，t-2，t-3 滞后项对排放的影响。

$$P_{it} = \beta_0 + \beta_1 FDI\_s\_lag_{it} + \beta_2 gdp_{it} + \beta_3 capp_{it} + \beta_4 ei_{it} + \beta_5 er_{it} + X\delta + \mu_i + \theta_t + \varepsilon_{it} \quad (6-4)$$

根据公式（6-4），采用固定效应的模型检验方法，得到 2003~2018 年，"一带一路" 64 国（地区）吸引 FDI 存量数据及其时间滞后项，对当地碳排放的影响，结果如表 6-3 所示。

与 FDI 流量对当地碳排放的影响相比，无论考虑时间滞后 1 期、滞后 2 期、滞后 3 期情况，FDI 存量也与当地的碳排放呈现正的相关关系，但不具备显著性，其他变量的系数符号并未发生变化，也保持了与 FDI 流量模型中控制性变量的显著性影响。

表 6-3　　　　国际投资存量对"一带一路"碳排放的影响结果

	(1)	(2)	(3)	(4)
	t	t-1	t-2	t-3
lnFDI_s	0.007 (0.015)	0.002 (0.015)	0.000 (0.016)	0.000 (0.018)
lngdp	0.271** (0.117)	0.253** (0.117)	0.252** (0.112)	0.228** (0.111)
lncapp	0.166*** (0.058)	0.183*** (0.057)	0.197*** (0.054)	0.212*** (0.051)
lnei	0.707*** (0.120)	0.722*** (0.122)	0.782*** (0.115)	0.783*** (0.123)
lner	-0.040 (0.084)	-0.039 (0.079)	-0.025 (0.074)	-0.012 (0.074)
lnExpo	0.069 (0.069)	0.073 (0.072)	0.074 (0.071)	0.077 (0.070)
lnpopden	0.488*** (0.164)	0.490*** (0.165)	0.499*** (0.160)	0.534*** (0.179)
N	829	780	730	680
R^2	0.682	0.673	0.676	0.663

注：根据 STATA15 计算得出，括号内代表稳健的标准误，* p<0.10，** p<0.05，*** p<0.01。

(二) 国际直接投资对碳排放强度的影响

上述研究表明,"一带一路"国家(地区)吸引国际直接投资对当地的碳排放具有明显的影响,特别是 FDI 流量将显著增加当地的碳排放总量。为进一步了解 FDI 对当地碳排放影响的机制,需要分析 FDI 流量对当地碳排放强度的影响程度。

采用固定效应的模型检验方法,分析 2003~2018 年"一带一路"国家(地区)吸引 FDI 流量数据及其时间滞后项,对当地碳排放强度的影响。碳排放强度选取东道国的人均碳排放强度 CO_2P,形成公式 (6-5)。

$$CO_2P_{it} = \beta_0 + \beta_1 FDI\_f_{it} + \beta_2 gdp_{it} + \beta_3 capp_{it} + \beta_4 ei_{it} + \beta_5 er_{it} + X\delta + \mu_i + \theta_t + \varepsilon_{it}$$
(6-5)

其中,核心自变量为 FDI 的流量数据,同时也考虑了 FDI 流量数据的时间滞后1期、滞后2期、滞后3期作为替代变量。实证结果如表6-4所示。无论是否考虑时间滞后1期、2期、3期情况,FDI 流量对当地人均碳排放均具有显著的正相关性,表明 FDI 流量可能是通过影响人均的碳排放强度来影响东道国自身的碳排放总量。经济总体规模、人均资本存量、单位产出能耗、环境规制等规模、结构、技术、规制效应结果与预期一致,规模和结构效应均增加了东道国的人均碳排放强度,技术效应显著降低了当地人均碳排放强度,环境规制效应对人均碳排放强度具有负相关性。出口额则与人均碳排放具有一定的正相关性。东道国人口密度越高,则显著降低了当地人均碳排放强度。

表6-4　　国际投资流量对"一带一路"碳排放强度的影响结果

	(1)	(2)	(3)	(4)
	t	t-1	t-2	t-3
lnFDI_f	0.038 *** (0.012)	0.038 *** (0.010)	0.029 *** (0.008)	0.027 *** (0.008)
lngdp	0.294 ** (0.135)	0.268 ** (0.132)	0.270 ** (0.127)	0.242 * (0.126)
lncapp	0.143 ** (0.067)	0.160 ** (0.062)	0.192 *** (0.058)	0.221 *** (0.056)

续表

	(1)	(2)	(3)	(4)
	t	t−1	t−2	t−3
lnei	0.716*** (0.123)	0.741*** (0.129)	0.822*** (0.131)	0.855*** (0.141)
lner	−0.065 (0.090)	−0.063 (0.080)	−0.047 (0.077)	−0.034 (0.076)
lnExpo	0.056 (0.070)	0.063 (0.074)	0.060 (0.075)	0.060 (0.080)
lnpopden	−0.519*** (0.170)	−0.518*** (0.169)	−0.535*** (0.168)	−0.525*** (0.196)
N	802	756	709	662
R^2	0.527	0.524	0.530	0.522

注：根据 STATA15 计算得出，括号内代表稳健的标准误，*$p<0.10$，**$p<0.05$，***$p<0.01$。

第三节

中国对外直接投资对东道国碳排放的影响

上节总体讨论了"一带一路"国家吸引国际直接投资对当地碳排放的影响。本节重点讨论中国对"一带一路"直接投资（CDI）对当地碳排放的影响，将 CDI 与除 CDI 以外的国际直接投资加以区分，根据 2009~2018 年 CDI 流量和存量数据，基于投资对环境排放的规模、结构、技术、规制等效应模型，综合分析中国直接投资对东道国碳排放的影响，包括中国直接投资对东道国碳排放总量影响的稳健性和内生性分析，以及中国直接投资对东道国碳排放强度的影响。

一、中国投资对东道国碳排放总量的影响

基于投资对碳排放影响的固定效应模型，充分考虑投资的时间滞后效应，分别检验 CDI 流量、存量对东道国的碳排放的影响。

(一) 模型结构

根据投资对环境排放的影响模型 (6-1), CDI 对 "一带一路" 国家和地区的碳排放影响同样需要控制规模、结构、技术效应。考虑到全部国际直接投资将加重东道国的碳排放，分析 CDI 对东道国的碳排放影响，需要考虑控制除 CDI 之外的 FDI 规模对当地带来的碳排放影响。因此，本研究将 CDI 与除 CDI 外的 FDI 同时纳入固定效应模型，以控制其他国家对 "一带一路" 国家和地区碳排放影响。模型结构如下：

$$CO_{2it} = \beta_0 + \beta_1 CDI\_f_{it} + \beta_2 FDI\_f_{it} + \beta_3 gdp_{it} + \beta_4 capp_{it} + \beta_5 ei_{it} + \beta_6 er_{it} + X\delta + \mu_i + \theta_t + \varepsilon_{it} \tag{6-6}$$

其中，i 为各国（地区），t 为年份。变量 CO_2 是 64 国（地区）的碳排放总量。CDI_f 为中国直接投资流量，是本模型关注的核心变量。FDI_f 为除去 CDI_f 的其他国家对 "一带一路" 国家（地区）的直接投资流量的总额，是重要的一个控制变量。在其他控制变量中，gdp 代表东道国的经济规模，控制了当地的规模效应；capp 为东道国人均资本，代表当地的结构效应；ei 为东道国的单位产出能耗，代表当地的技术水平，以控制东道国的技术效应；er 为东道国的环境政策水平，以控制当地的规制效应。X 代表其他的各类控制因素，Expo 代表当地的开放程度，使用东道国的出口额，以及东道国的人口密度 popden。μ_i 控制各承接单元的固定效应，θ_t 则控制年份固定效应，ε 为误差项，βs 和 δ 均为待估系数。

同时，考虑用 CDI 的存量指标代替流量指标，用 FDI（除去 CDI 的国际直接投资额）的存量指标代替流量指标，以验证 CDI 对碳排放效应，核心结论是分析 CDI 是加重还是减轻了东道国的碳排放总量。模型如下：

$$CO_{2it} = \beta_0 + \beta_1 CDI\_s_{it} + \beta_2 FDI\_s_{it} + \beta_3 gdp_{it} + \beta_4 capp_{it} + \beta_5 ei_{it} + \beta_6 er_{it} + X\delta + \mu_i + \theta_t + \varepsilon_{it} \tag{6-7}$$

由于 CDI 对东道国碳排放可能存在的时间滞后效应，为验证模型结论的稳健性，控制模型的反向因果效应，使用 CDI_f 以及 CDI_s 的时间滞后项，用来比较模型结果。根据 2009～2018 年 "一带一路" 各国碳排放量，承接 CDI、除 CDI 以外的 FDI（包括流量和存量数据）以及其他控制变量数据进行整理。

各变量的描述性统计如表 6-5 所示。

表6-5　　　　CDI对各国碳排放影响模型变量描述性统计

变量	观测数	均值	标准差	最小值	最大值
$lnCO_2$	635	3.69	1.66	0.21	7.88
lnCDI_f(t)	461	8.37	2.55	0.69	13.86
lnCDI_f(t-1)	417	8.28	2.59	0.69	13.86
lnCDI_f(t-2)	368	8.24	2.58	0.69	13.86
lnCDI_f(t-3)	324	8.20	2.57	1.09	13.86
lnCDI_s(t)	630	9.34	2.84	1.09	15.43
lnCDI_s(t-1)	567	9.32	2.83	1.09	15.31
lnCDI_s(t-2)	504	9.21	2.83	1.09	15.02
lnCDI_s(t-3)	441	9.08	2.83	1.09	14.98
lnFDI_f	421	12.31	1.63	6.82	15.78
lnFDI_s	623	14.48	1.75	9.37	18.78
lngdp	629	24.83	1.61	20.93	28.63
lncapp	595	7.28	1.18	4.37	10.29
lnei	600	4.75	0.55	1.84	6.11
lner	589	1.77	0.33	0.69	2.39
lnExpo	630	23.52	2.07	15.89	26.99
lnpopden	640	4.55	1.33	0.54	8.98

表6-6进一步展示了模型自变量之间的相关系数。CDI流量和存量两个变量以及CDI流量和存量两个变量、东道国gdp与出口额等之间的相关系数较高，其他大部分自变量之间的相关系数较小。

（二）主要结论和稳健性检验

基于投资对排放的规模、结构、技术效应模型，按照公式（6-6）得到CDI流量对碳排放总量的影响，如表6-7所示。2009~2018年，CDI流量对"一带一路"64国（地区）的碳排放总量具有显著的负相关性，即CDI流量并未加重而是减轻了东道国的碳排放总量，不支持污染避难所效应。使用CDI流量的时间滞后项，仍具有显著的相关性，表明了结果的稳健性。

主要的控制变量中，除CDI外的FDI流量对东道国碳排放具有正相关性，与CDI发生的作用并不一致。说明除CDI外的FDI有可能加重东道国碳排放。

第六章 中国对"一带一路"沿线投资的环境效应分析

表6-6　　　　　CDI 对各国碳排放影响模型自变量相关性分析

	lncdi_f	lncdi_s	lnFDI_f	lnFDI_s	lngdp	lncapp	lnei	lner	lnExpo	lnpopden
lncdi_f	1	0.90	0.43	0.45	0.50	-0.01	-0.01	-0.32	0.47	0.17
lncdi_s	0.90	1	0.50	0.51	0.57	-0.05	-0.05	-0.39	0.50	0.15
lnFDI_f	0.43	0.50	1	0.86	0.74	0.18	-0.29	0.18	0.74	0.22
lnFDI_s	0.45	0.51	0.86	1	0.84	0.39	-0.17	0.23	0.88	0.18
lngdp	0.50	0.57	0.74	0.84	1	0.22	-0.17	0.02	0.89	0.16
lncapp	-0.01	-0.05	0.18	0.39	0.22	1	-0.03	0.42	0.45	0.02
lnei	-0.01	-0.05	-0.29	-0.17	-0.17	-0.03	1	-0.25	-0.09	-0.47
lner	-0.32	-0.39	0.18	0.23	0.02	0.42	-0.25	1	0.21	0.21
lnExpo	0.47	0.50	0.74	0.88	0.89	0.45	-0.09	0.21	1	0.16
lnpopden	0.17	0.15	0.22	0.18	0.16	0.02	-0.47	0.21	0.16	1

表6-7　　　　　CDI 流量对各国碳排放总量影响及稳健性检验

	t	t-1	t-2	t-3
lncdi_f	-0.011** (0.005)	-0.008* (0.005)	-0.001* (0.005)	0.006 (0.007)
lnFDI_f	0.005 (0.011)	0.006 (0.014)	0.009 (0.017)	0.026 (0.021)
lngdp	0.219* (0.112)	0.108 (0.136)	0.095 (0.149)	-0.100 (0.168)
lncapp	0.211*** (0.065)	0.231*** (0.082)	0.155* (0.089)	0.225** (0.105)
lnei	0.565*** (0.140)	0.663*** (0.155)	0.928*** (0.164)	0.855*** (0.267)
lner	-0.024 (0.090)	-0.017 (0.102)	-0.069 (0.113)	-0.093 (0.133)
lnExpo	0.072 (0.073)	0.127 (0.077)	0.140* (0.081)	0.193** (0.085)
lnpopden	0.621*** (0.229)	0.793*** (0.281)	0.774** (0.344)	1.348** (0.517)
N	377	297	250	218
R^2	0.593	0.564	0.523	0.512

注：根据 STATA15 计算得出，括号内代表稳健的标准误，*p<0.10，**p<0.05，***p<0.01。

在其他控制变量中,代表规模效应的 gdp 对东道国碳排放具有正相关性。代表结构效应的东道国人均资本存量显著增加了当地的碳排放总量。代表技术效应的单位产出能耗具有显著的正相关性,代表较低的技术水平将显著增加当地碳排放。环境规制政策总体上对当地碳排放不具有显著影响。代表当地开放程度的出口额越多,将增加东道国的碳排放。人口密度指标对东道国碳排放具有显著的正相关性。

总体来看,规模、结构、技术、规制和其他控制变量的影响基本符合预期,将 CDI 和 FDI 区别开,分别列入模型进行比较分析,有利于区分两者带来的环境效应差异。CDI 并未增加东道国碳排放可能与 CDI 内部构成有关。

表6-8　　　　CDI 存量对各国碳排放总量影响及稳健性检验

	t	t-1	t-2	t-3
lncdi_s	-0.019**	-0.004*	0.007	0.023
	(0.009)	(0.013)	(0.014)	(0.014)
lnFDI_s	0.111**	0.103*	0.099*	0.099**
	(0.049)	(0.053)	(0.053)	(0.047)
lngdp	0.078	0.088	0.044	-0.044
	(0.098)	(0.107)	(0.104)	(0.112)
lncapp	0.198***	0.170***	0.169***	0.207**
	(0.046)	(0.058)	(0.062)	(0.082)
lnei	0.571***	0.632***	0.730***	0.765***
	(0.135)	(0.158)	(0.198)	(0.263)
lner	-0.025	-0.004	-0.051	-0.086
	(0.096)	(0.114)	(0.127)	(0.151)
lnExpo	0.119**	0.101	0.093	0.110
	(0.058)	(0.063)	(0.073)	(0.085)
lnpopden	0.718***	0.759***	0.757***	0.741***
	(0.174)	(0.203)	(0.235)	(0.271)
N	524	472	418	364
R^2	0.571	0.500	0.441	0.385

注:根据 STATA15 计算得出,括号内代表稳健的标准误,* $p<0.10$,** $p<0.05$,*** $p<0.01$。

根据公式(6-7)进一步讨论了 CDI 存量对碳排放总量的影响,以验证 CDI 流量结果的稳健性,如表6-8所示。2009~2018年,CDI 存量对"一带一路"64国(地区)的碳排放总量仍然具有显著的负相关性,使用时间滞后

第六章 中国对"一带一路"沿线投资的环境效应分析

项后这种显著性下降。除 CDI 以外的 FDI 对东道国碳排放总量具有显著的正相关性,即不断增多的除 CDI 以外的 FDI 存量将加重当地的碳排放总量,支持污染避难所效应。上述结果仍然支持 CDI 与 FDI 在对"一带一路"国家和地区的碳排放影响上仍具有显著的差异。将两者予以区分,并分别纳入模型具有必要性。

从其他控制变量看,代表规模效应的 gdp 对碳排放总量不具有显著性。代表结构效应的人均资本存量仍然对碳排放具有显著的正相关性。代表技术效应的单位产出能耗仍然支持较低的技术水平将增加当地碳排放。环境规制效应的结果仍不具有显著性。出口额和人口密度仍然保持对碳排放总量的正相关性。控制变量的回归结果总体上看基本保持不变。

表6-9 "一带一路"倡议前后 CDI 流量和存量对各国碳排放总量影响

	CDI 流量			CDI 存量		
	总体样本	2009~2013 年	2014~2018 年	总体样本	2009~2013 年	2014~2018 年
lncdi	-0.011 ** (0.005)	-0.003 (0.005)	-0.002 * (0.005)	-0.019 ** (0.009)	-0.014 (0.010)	-0.017 ** (0.008)
lnFDI	0.005 (0.011)	0.008 (0.008)	0.005 (0.016)	0.111 ** (0.049)	0.195 ** (0.083)	0.130 ** (0.058)
lngdp	0.219 * (0.112)	0.303 * (0.165)	0.036 (0.145)	0.078 (0.098)	0.125 (0.114)	0.110 (0.093)
lncapp	0.211 *** (0.065)	0.183 * (0.091)	0.108 (0.082)	0.198 *** (0.046)	0.124 *** (0.045)	0.134 ** (0.055)
lnei	0.565 *** (0.140)	0.520 *** (0.123)	1.102 *** (0.409)	0.571 *** (0.135)	0.509 *** (0.089)	0.490 * (0.249)
lner	-0.024 (0.090)	-0.103 (0.100)	-0.222 ** (0.084)	-0.025 (0.096)	-0.011 (0.075)	-0.174 *** (0.059)
lnExpo	0.072 (0.073)	0.063 (0.065)	0.211 ** (0.081)	0.119 ** (0.058)	0.131 *** (0.048)	0.165 ** (0.063)
lnpopden	0.621 *** (0.229)	0.494 (0.309)	0.832 ** (0.338)	0.718 *** (0.174)	0.368 * (0.199)	0.625 ** (0.271)
N	377	200	177	524	267	257
R^2	0.593	0.556	0.367	0.571	0.576	0.313

注:根据 STATA15 计算得出,括号内代表稳健的标准误,* $p<0.10$,** $p<0.05$,*** $p<0.01$。

由于国际金融危机后,中国对沿线国家的直接投资 CDI 显著增加,因此,表 6-7 和表 6-8 中,采用 2009~2018 年总体样本实证检验 CDI 流量和存量对各国碳排放总量影响。2013 年为"一带一路"提出之年,因此将总体样本分为 2009~2013 年和 2014~2018 年两组样本,分别实证检验 CDI 流量和存量对各国碳排放总量影响。如表 6-9 所示,比较总体样本和两组样本的回归结果,发现各变量的系数符号保持一致,但系数大小发生变化,由于分成两组后,各自样本数量变小,各变量系数的显著性相应有所降低。总体来看,通过检验"一带一路"倡议提出前后两个时间阶段的 CDI 效应,发现 CDI 流量和存量对东道国带来污染光环效应的总体效应大部分由 2013 年后驱动。考虑到 2013 年仅提出"一带一路"倡议,倡议提出前后并未有明显的政策差异,因此本研究仍以 2009~2018 年总体样本为研究对象。

(三) 内生性检验

上述研究使用的固定效应模型可以解决模型存在的内生性问题,同时基于工具变量的 2SLS 模型等方法一般也用来控制实证研究中可能存在的内生性问题。为进一步检验上述 CDI 对"一带一路"沿线碳排放总量的减排效应(即污染光环效应),考虑引入 CDI 的工具变量。

表 6-10　　CDI 流量和存量对各国碳排放总量影响的内生性检验

	CDI 流量			CDI 存量		
	(1)	(2)	(3)	(4)	(5)	(6)
	固定效应 (FE)	OLS	工具变量 2SLS	固定效应 (FE)	OLS	工具变量 2SLS
lncdi	-0.011** (0.005)	-0.015* (0.008)	-0.042** (0.021)	-0.019** (0.009)	-0.017* (0.009)	-0.034** (0.017)
lnFDI	0.005 (0.011)	0.062*** (0.021)	0.071*** (0.022)	0.111** (0.049)	0.126*** (0.025)	0.134*** (0.025)
lngdp	0.219* (0.112)	1.019*** (0.047)	1.025*** (0.045)	0.078 (0.098)	0.979*** (0.043)	0.990*** (0.042)
lncapp	0.211*** (0.065)	0.109*** (0.020)	0.112*** (0.021)	0.198*** (0.046)	0.123*** (0.018)	0.128*** (0.020)
lnei	0.565*** (0.140)	1.004*** (0.058)	0.984*** (0.057)	0.571*** (0.135)	0.980*** (0.047)	0.965*** (0.044)

续表

	CDI 流量			CDI 存量		
	(1)	(2)	(3)	(4)	(5)	(6)
	固定效应(FE)	OLS	工具变量2SLS	固定效应(FE)	OLS	工具变量2SLS
lner	-0.024 (0.090)	-0.164** (0.072)	-0.236*** (0.086)	-0.025 (0.096)	-0.307*** (0.081)	-0.343*** (0.080)
lnExpo	0.072 (0.073)	0.011 (0.042)	0.028 (0.046)	0.119** (0.058)	0.006 (0.032)	0.001 (0.032)
lnpopden	0.621*** (0.229)	0.095*** (0.019)	0.092*** (0.020)	0.718*** (0.174)	0.102*** (0.014)	0.105*** (0.013)
N	377	377	369	524	524	514
R^2	0.593	0.960	0.958	0.571	0.959	0.958

注：根据STATA15计算得出，括号内代表稳健的标准误，*$p<0.10$，**$p<0.05$，***$p<0.01$。

东道国与中国的距离越近，越有可能承接中国投资，满足相关性假设，但又与东道国当地碳排放不直接相关。东道国与中国签订投资协定，越有利于吸引中国投资，但是否签订投资协定与东道国碳排放量不直接相关。李光勤（2020）认为东道国从中国进口占其全部进口的份额可以作为中国对东道国投资的工具变量，中国对东道国的出口与对当地的投资具有正向的相关性，但由于中国出口主要在中国生产，与东道国碳排放不具有直接关系，因此满足工具变量的外生性。综上考虑，引入东道国与中国距离（dis）、东道国与中国签署投资协定情况（bit）、东道国从中国进口占其全部进口的份额（ratio）等三个变量作为工具变量。

东道国与中国距离数据来自 GeoDist 数据库，东道国与中国签署投资协定情况根据中国商务部数据整理，东道国从中国进口占其全部进口的份额根据 UNCTAD 数据库计算整理。根据2SLS方法得到模型结果，与原结果进行比较，如表6-10所示。其中，(1)-(3)中cdi和FDI均为流量数据lncdi_f和lnFDI_f，(4)-(6)中cdi和FDI均为存量数据lncdi_s和lnFDI_s。

引入东道国与中国距离（dis）、东道国与中国签署投资协定情况（bit）、东道国从中国进口占其全部进口的份额（ratio）等三个变量作为工具变量，并根据2SLS方法进行检验，对于CDI流量模型估计，显示 Kleibergen - Paap rk LM 统计量为66.61，P值为0.00，通过了不可识别的检验，同时，Cragg -

Donald Wald F 统计值为 50.54，高于 Stock – Yogo weak ID test critical values 中 5% 的临界值 13.91，表明引入三个工具变量通过了弱工具变量检验。对于 CDI 存量模型估计，显示 Kleibergen – Paap rk LM 统计量为 105.35，P 值为 0.00，通过了不可识别的检验，Cragg – Donald Wald F 统计值为 111.89，高于 Stock – Yogo weak ID test critical values 中 5% 的临界值 13.91，表明引入三个工具变量也通过了弱工具变量检验。

从表 6-10 显示的结论看，通过引入 3 个工具变量，并根据 2SLS 方法进行分析，无论对于 CDI 流量还是 CDI 存量，对于东道国碳排放总量的系数始终为负，并且存在显著性，这与基于固定效应（FE）分析的结果保持一致，系数大小略有差别。这说明基于工具变量的分析结论仍然支持中国投资对东道国碳排放总量存在减排效应，体现为污染光环效应。同时，根据工具变量分析，除 CDI 以外的国际直接投资未发挥类似作用，体现为加重东道国碳排放总量，所得结果与固定效应分析结果保持一致。

二、中国投资对东道国碳排放强度的影响

上述分析结果显示 CDI 对"一带一路" 64 国（地区）的碳排放总量具有显著的负相关性，为进一步了解 CDI 对当地碳排放影响的机制，需要分析 CDI 对当地碳排放强度的影响程度。因此构建公式（6-8）。

$$CO_2P_{it} = \beta_0 + \beta_1 CDI\_f_{it} + \beta_2 FDI\_f_{it} + \beta_3 gdp_{it} + \beta_4 capp_{it} + \beta_5 ei_{it} + \beta_6 er_{it} \\ + X\delta + \mu_i + \theta_t + \varepsilon_{it} \quad (6-8)$$

其中，碳排放强度 CO_2P 选取为东道国的人均碳排放强度 CO_2pp，以及单位 gdp 碳排放强度，CO_2pg。核心自变量为 CDI 的流量数据，同样控制除 CDI 以外的外商直接投资 FDI 流量数据。其他控制变量维持不变。采用固定效应方法，分析 2009~2018 年 CDI 对沿线国家的碳排放强度影响。表 6-11 将 CDI 对碳排放总量、人均碳排放强度、单位 gdp 碳排放强度的影响结果分别列出。

总体来看，CDI 流量对碳排放总量、人均碳排放强度、单位 gdp 碳排放强度均具有显著的负相关性，表明 CDI 不但有利于降低东道国碳排放总量，同样也有利于降低东道国的排放强度，说明 CDI 的减排效应更可能是通过降低东道国碳排放强度来实现。从其他控制变量看，除 CDI 外的外商直接投资对"一带一路" 64 国（地区）的碳排放总量和碳排放强度均具有正相关性，但显著

性不强。结果仍然支持除 CDI 外的 FDI 与 CDI 对当地碳排放的影响机理和效果并不相同。

表6-11　　CDI 流量对各国不同类型碳排放强度的影响

	(1)	(2)	(3)
	CO_2	CO_2pp	CO_2pg
lncdi_f	-0.011**	-0.011**	-0.005*
	(0.005)	(0.005)	(0.002)
lnFDI_f	0.005	0.006	0.004
	(0.011)	(0.012)	(0.004)
lngdp	0.219*	0.230*	-0.335***
	(0.112)	(0.120)	(0.048)
lncapp	0.211***	0.236***	0.095***
	(0.065)	(0.069)	(0.027)
lnei	0.565***	0.611***	0.274***
	(0.140)	(0.151)	(0.099)
lner	0.024	0.013	-0.016
	(0.090)	(0.098)	(0.031)
lnExpo	0.072	0.063	0.010
	(0.073)	(0.086)	(0.039)
lnpopden	0.621***	-0.372	0.234**
	(0.229)	(0.255)	(0.103)
N	377	377	377
R^2	0.593	0.460	0.566

注：根据 STATA15 计算得出，括号内代表稳健的标准误，* $p<0.10$，** $p<0.05$，*** $p<0.01$。

代表规模效应的 gdp 对碳排放总量和人均碳排放强度具有显著的正相关性，结果符合预期。代表结构效应的人均资本存量对碳排放总量和人均碳排放强度和单位 gdp 碳排放强度均具有显著的正相关性。代表技术效应的单位产出能源也同样具有显著的正相关性，结果仍支持技术水平对东道国具有减排作用。从环境规制效应来看，对人均碳排放强度的影响体现为正向的相关性，但对单位 gdp 的碳排放量的影响则相反，体现为负向的相关性。出口额和人口密度对碳排放强度的影响与对碳排放总量的影响结果较为接近。

对于 CDI 流量对人均碳排放强度的负相关性影响，使用 CDI 流量数据的时间滞后项来检验结果的稳健性,表 6-12 进一步展示了 CDI 流量的时间滞后 1 期、滞后 2 期、滞后 3 期对东道国人均碳排放强度的影响。可以发现 CDI 流量仍然对人均碳排放强度具有负相关性,但显著性有所下降。总体来看,CDI 流量增多可以降低东道国人均碳排放强度的结论仍然稳健。

表 6-12　　　　CDI 流量对各国人均碳排放强度的稳健性

	(1)	(2)	(3)	(4)
	t	t-1	t-2	t-3
lncdi_f	-0.011**	-0.008	-0.000	0.007
	(0.005)	(0.005)	(0.006)	(0.008)
lnFDI_f	0.006	0.007	0.011	0.030
	(0.012)	(0.015)	(0.018)	(0.023)
lngdp	0.230*	0.109	0.091	-0.132
	(0.120)	(0.145)	(0.156)	(0.178)
lncapp	0.236***	0.259***	0.173*	0.256**
	(0.069)	(0.089)	(0.097)	(0.115)
lnei	0.611***	0.727***	1.011***	0.949***
	(0.151)	(0.171)	(0.191)	(0.293)
lner	0.013	0.007	-0.080	-0.104
	(0.098)	(0.109)	(0.120)	(0.139)
lnExpo	0.063	0.126	0.146	0.208**
	(0.086)	(0.087)	(0.090)	(0.093)
lnpopden	-0.372	-0.183	-0.182	0.467
	(0.255)	(0.310)	(0.379)	(0.578)
N	377	297	250	218
R^2	0.460	0.440	0.406	0.419

注:根据 STATA15 计算得出,括号内代表稳健的标准误,* $p<0.10$,** $p<0.05$,*** $p<0.01$。

第四节

中国对外直接投资碳排放效应的异质性分析

"一带一路"国家和地区单元数量多,各自发展水平存在明显差异,又涉及不同地缘政治板块,因此对于中国直接投资 CDI 来说,64 个国家(地区)

单元具有明显的异质性。至少体现在两方面,一是各单元分属不同的区域板块,具有不同的地域特征;二是各单元的发展水平存在差异。因此需要对 CDI 对碳排放总量的影响结果进行细化的异质性分析。

一、东道国分区域异质性分析

(一) 模型构建

根据对"一带一路"64 国(地区)所在区域的划分,可分为六个板块,分别为:东北亚板块、东南亚板块、中东欧板块、中亚板块、南亚板块、西亚北非板块。各区域单元承接 CDI 带来的碳排放减排效应具有差异性,需要构建定量模型进行分析。

通过引入核心自变量 CDI 与"一带一路"各单元区域数据的交叉项,可以评估 CDI 对不同区域单元的碳排放减排效果所存在的差异性。根据公式 (6-6) 和公式 (6-7),纳入 CDI 与各单元区域属性 (Area) 的交叉项,得到公式 (6-9) 和公式 (6-10)。对于 CDI 流量的分区域异质性检验模型如下:

$$CO_{2it} = \beta_0 + \beta_1 CDI\_f \times Area_{it} + \beta_2 FDI\_f_{it} + \beta_3 gdp_{it} + \beta_4 capp_{it}$$
$$+ \beta_5 ei_{it} + \beta_6 er_{it} + X\delta + \mu_i + \theta_t + \varepsilon_{it} \quad (6-9)$$

同时也考虑了 CDI 投资存量对当地的碳排放影响分析,模型具体如下。

$$CO_{2it} = \beta_0 + \beta_1 CDI\_s \times Area_{it} + \beta_2 FDI\_s_{it} + \beta_3 gdp_{it} + \beta_4 capp_{it}$$
$$+ \beta_5 ei_{it} + \beta_6 er_{it} + X\delta + \mu_i + \theta_t + \varepsilon_{it} \quad (6-10)$$

表 6-13 "一带一路" 64 国(地区)所属区域统计

区域	数量	比例 (%)	累计比例 (%)
东北亚	2	3.13	3.13
东南亚	11	17.19	20.31
中东欧	19	29.69	50.00
中亚	5	7.81	57.81
南亚	7	10.94	68.75
西亚北非	20	31.25	100
总计	64	100	—

表 6-13 总结了六个区域板块情况。其中西亚北非地区的单元数最多,达

到 20 个，占全部 64 个国家和地区的 31.25%。其次为中东欧地区，单元数达到 19 个，占 29.69%。东南亚国家和地区达到 11 个。这三个区域承接单元数相对较多。南亚、中亚、东北亚的单元数相对较少，分别为 7 个、5 个和 2 个。

（二）结果分析

表 6-14 分别展示了 CDI（流量、存量）的分区域 6 个交叉项 CDI_area1、CDI_area2、CDI_area3、CDI_area4、CDI_area5、CDI_area6 的描述性统计，这些变量分别对应 CDI（流量、存量）与东北亚、东南亚、中东欧、中亚、南亚、西亚北非的交叉项。

这些变量将应用于公式（6-9）和公式（6-10），用于分析 CDI 对"一带一路"碳排放减排的分区域异质性。

表 6-14　　　　　　　　CDI 的分区域交叉项变量描述性统计

变量	均值	标准差	最小值	最大值
lnCDI_f_area1	0.41	2.07	0	12.59
lnCDI_f_area2	2.28	4.38	0	13.86
lnCDI_f_area3	1.55	2.94	0	10.52
lnCDI_f_area4	0.83	2.69	0	12.61
lnCDI_f_area5	0.89	2.66	0	11.53
lnCDI_f_area6	2.41	3.88	0	12.12
lnCDI_s_area1	0.41	2.28	0	14.17
lnCDI_s_area2	2.05	4.55	0	15.42
lnCDI_s_area3	2.26	3.64	0	10.95
lnCDI_s_area4	0.89	3.05	0	13.53
lnCDI_s_area5	0.95	3.00	0	13.26
lnCDI_s_area6	2.87	4.49	0	13.37

根据公式（6-9）和公式（6-10），运用 STATA15 计算得到 CDI 流量和存量对"一带一路"碳排放总量的分区域影响，如表 6-15 所示。对于 CDI 流量对东道国的碳排放总量影响，从分区域异质性看，中东欧、西亚北非、东南亚地区承接 CDI 流量对当地的碳排放总量具有显著的负相关性，但对于东北亚、中亚等地区的碳排放具有正的相关系数，但不具备显著性。CDI 存量对当

地碳排放总量的影响也具有类似的分区域特征。总体来看，CDI 可以显著降低"一带一路"碳排放总量，不支持污染避难所效应，这种减排效应集中体现在中东欧、西亚北非、东南亚地区，但对东北亚、中亚地区等效果不明显。这可能是由于不同区域承接 CDI 的行业结构存在差异。

二、东道国分层级异质性分析

(一) 模型结构

考虑到沿线国家之间的经济发展水平存在明显差异。按照世界银行的人均国民生产水平标准，可以将该区域的 64 国（地区）分为四类：高收入水平国家、低收入水平国家、中高收入水平国家、中低收入水平国家。不同发展层级的单元承接 CDI 带来的碳排放减排效应具有差异性，需要细化分析。

表 6-15　　CDI 对碳排放总量影响的分区域异质性分析结果

	(1)	(2)
	CDI 流量	CDI 存量
东北亚	0.119 (0.111)	0.124 (0.100)
东南亚	-0.032* (0.016)	-0.012 (0.039)
中东欧	-0.014*** (0.006)	-0.026*** (0.010)
中亚	0.006 (0.027)	0.013 (0.064)
南亚	0.001 (0.022)	0.001 (0.016)
西亚北非	-0.014*** (0.008)	-0.031** (0.012)
N	377	524
R^2	0.611	0.619

注：根据 STATA15 计算得出，括号内代表稳健的标准误，* $p<0.10$，** $p<0.05$，*** $p<0.01$。

通过引入核心自变量 CDI 与"一带一路"各单元所属发展水平层级数据的交叉项，可以评估 CDI 对不同层级单元的碳排放减排效果所存在的差异性。根据公式（6-6）和公式（6-7），纳入 CDI 与各单元层级属性（level）的交叉项，得到公式（6-11）和公式（6-12）。对于 CDI 流量的分层级异质性检验模型如下：

$$CO_{2it} = \beta_0 + \beta_1 CDI\_f \times level_{it} + \beta_2 FDI\_f_{it} + \beta_3 gdp_{it} + \beta_4 capp_{it}$$
$$+ \beta_5 ei_{it} + \beta_6 er_{it} + X\delta + \mu_i + \theta_t + \varepsilon_{it} \qquad (6-11)$$

同时也考虑了 CDI 投资存量对当地的碳排放影响分析，模型具体如下。

$$CO_{2it} = \beta_0 + \beta_1 CDI\_s \times level_{it} + \beta_2 FDI\_s_{it} + \beta_3 gdp_{it} + \beta_4 capp_{it}$$
$$+ \beta_5 ei_{it} + \beta_6 er_{it} + X\delta + \mu_i + \theta_t + \varepsilon_{it} \qquad (6-12)$$

表 6-16 总结了 64 个单元的基本情况，分别统计了中高收入水平国家单元、中高收入水平国家单元以及低收入水平和中低收入水平的国家单元数量。其中，中高收入水平国家的单元数最多，达到 23 个，占全部的 35.94%。其次为中低收入水平单元和高收入水平单元，单元数分别为 18 个，占 28.13%。低收入水平单元仅为 5 个。

表 6-16　"一带一路" 64 国（地区）发展层级统计

经济发展水平	数量	比例（%）	累计比例（%）
高收入国家	18	28.13	28.13
低收入国家	5	7.81	35.94
中低收入国家	18	28.13	64.06
中高收入国家	23	35.94	100
总计	64	100	

（二）结果分析

表 6-17 分别展示了 CDI（流量、存量）的分层级的 4 个交叉项 CDI_level1、CDI_level2、CDI_level3、CDI_level4 的描述性统计。

这些变量分别对应 CDI（流量、存量）与高收入水平国家单元、低收入水平国家单元、中低收入水平国家单元、中高收入水平国家单元的交叉项。基于公式（6-11）和公式（6-12）分析 CDI 对"一带一路"国家和地区碳排放减排的分层级异质性。

表6-17　　　　　CDI 的分层级交叉项变量描述性统计

变量	均值	标准差	最小值	最大值
lnCDI_f_level1	2.18	3.81	0	13.86
lnCDI_f_level2	0.61	2.11	0	10.57
lnCDI_f_level3	2.79	4.45	0	12.13
lnCDI_f_level4	2.78	4.13	0	12.61
lnCDI_s_level1	2.58	4.32	0	15.43
lnCDI_s_level2	0.75	2.62	0	12.18
lnCDI_s_level3	2.80	4.88	0	14.06
lnCDI_s_level4	3.29	4.67	0	14.17

表6-18 展示了 CDI 对不同层级单元的碳排放总量的影响。CDI 流量和存量对东道国碳排放影响的结果保持一致。

总体上看，CDI 能够有效降低东道国的碳排放总量，这种减排效应显著体现在高收入水平国家、中高收入水平国家单元，但对低收入水平国家单元以及中低收入水平国家单元，CDI 将加重当地的碳排放总量，特别是对低收入水平国家单元具有显著性。这种分层级差异性可能是由于 CDI 在不同发展水平国家的内部行业构成存在差异。

表6-18　　　CDI 对碳排放总量影响的分层级异质性分析结果

	(1)	(2)
	CDI 流量	CDI 存量
高收入国家	-0.018** (0.007)	-0.049*** (0.014)
低收入国家	0.083*** (0.021)	0.113*** (0.042)
中低收入国家	0.002 (0.011)	0.022 (0.031)
中高收入国家	-0.015*** (0.006)	-0.014** (0.012)
N	377	524
R^2	0.622	0.621

注：根据 STATA15 计算得出，括号内代表稳健的标准误，* $p<0.10$，** $p<0.05$，*** $p<0.01$。

小 结

本章根据经济开放对环境排放的规模、结构、技术效应模型构建了国际直接投资对东道国环境排放的实证分析模型。基于面板数据,首先实证检验"一带一路"64 国(地区)承接国际直接投资是否会加重了当地的碳排放。总体来看,2003~2018 年,全部国际直接投资流量显著增加了"一带一路"64 国(地区)的碳排放总量,并且对当地人均碳排放强度具有显著的正相关性,通过引入时间滞后项进行检验,上述结果依然稳健。

国际金融危机以来,中国对"一带一路"直接投资(CDI)不断增加,为了检验 CDI 对东道国的碳排放影响,将 CDI 和除 CDI 以外的国际直接投资均纳入投资环境效应实证分析模型。结果显示 2009~2018 年,CDI 显著降低了东道国的碳排放总量,不支持污染避难所效应,表现为对东道国碳总量减排的污染光环效应。通过引入 CDI 时间滞后项进行比较分析,结果通过了稳健性检验。引入东道国与中国距离、东道国与中国签署投资协定情况、东道国从中国进口占其全部进口的份额等三个变量作为工具变量,通过 2SLS 方法进行分析,控制可能存在的内生性,上述结论仍然成立。除 CDI 以外的国际直接投资对当地碳排放具有正相关性,这说明 CDI 和除 CDI 以外的国际直接投资在对东道国碳排放的影响上发挥了不同的作用。同时,CDI 显著降低了东道国人均碳排放强度,并具有稳健性。

由于"一带一路"64 国(地区)分属不同区域板块,自身发展水平也存在明显差异,因此 CDI 对"一带一路"国家(地区)的碳总量减排效应在不同区域和不同发展水平东道国间具有差异性。通过引入交叉项模型分析,结果显示 CDI 对中东欧、西亚北非、东南亚地区的东道国具有明显的碳总量减排效应,但对东北亚、中亚、南亚地区的效果不明显。CDI 明显降低了"一带一路"高收入国家和中高收入国家的碳排放总量,但可能加重低收入国家的碳排放总量。这可能是由于不同区域、不同发展水平的国家承接 CDI 的行业结构存在差异。

第七章

促进"一带一路"绿色投资政策建议

本章讨论了推动"一带一路"绿色发展、促进绿色投资的措施和路径,包括加强企业投资项目的环境影响评估、积极开展"一带一路"战略环评、企业主动承担环境社会责任、加强各国间绿色发展和环保规划政策标准对接、建设"一带一路"绿色工业园区、支持东道国环保产业和环境基础设施建设、扩展绿色金融为投资项目提供支撑、通过绿色贸易引导绿色供应链和绿色投资、完善国际投资协定环境条款等内容。

第一节 绿色投资与可持续发展

传统经济增长模式下的投资所带来的经济发展是不可持续的。正在兴起并被广泛倡导的绿色投资,对各国(地区)转变经济增长方式,保护自然资源与环境,实现经济社会的可持续发展,具有积极影响。绿色投资的内涵非常丰富,虽然目前仍未形成统一的概念,但实现"三重盈余"(Triple Bottom Line),即兼顾经济、环境、社会三方面效益得到普遍认可。狭义来看,绿色投资主要是治理环境污染的投资;从广义来看,绿色投资包括一切提高绿色国内生产总值,推动经济社会可持续发展的投资。

20 世纪 80 年代提出的可持续发展,对于协调人口、资源、环境的关系提供了一种新的思路。可持续发展是一种注重长远发展的经济增长模式,摒弃以简单追求经济增长,大幅使用资源的发展模式,在严格限制人口数量、保护环境、资源可持续利用的前提下实现经济发展、社会进步、环境保护的有机协调,并且更加强调代际间的公平。

可持续发展能够为绿色投资提出发展方向。有分析显示实现 2030 年可持续发展议程提出的目标,仅新兴国家每年就有3.9万亿美元的资金缺口。当前,全球已形成碳中和共识,这将引导长期投资流向低碳领域。实现碳中和的目标也意味着企业在投资全生命周期管理中高度重视绿色因素,更加关注环境保护,强调资源的高效利用,从投资的角度推动可持续发展。

"一带一路"建设在助推沿线各国(地区)经济增长的基础上,以绿色发展理念为引领,通过加强绿色投资合作,实现经济增长与环境排放解耦,携手实现绿色增长和可持续发展。中国与沿线国家(地区)都面临着发展方式转型,在这个过程中,中国应主动提出解决方案。发展绿色投资,延伸绿色产业链和供应链,对沿线各国加快产业结构升级、携手实现全球可持续发展目标、打造人类命运共同体具有重要而深远的意义。

促进区域经济发展和环境质量改善取得平衡可以采取很多方法,其中很重要的一项是推动各国间投资的绿色化,中国可以在扩大对其他各国绿色投资过程中,使东道国更加认可中国的倡议和模式(姚峪岩等 2020),同时有助于中国和其他各国共同应对气候变化问题并持续改善环境质量。扩大中国绿色对外直接投资,要构建多主体参与的治理体系:在企业层面,支持企业在投资前做好项目环评,在投资中自觉执行东道国环境政策等,改善投资活动的环境绩效,促进绿色、可持续经济发展;从政府层面,开展政策引导,推动跨境合作园区改造,完善绿色融资支持政策等;在非政府组织层面,利用专业知识发布环保信息,督促企业在对外投资中履行环境责任。中国还需要与沿线各国(地区)完善区域合作的体制机制,加强能力建设,分享在环保方面的合作成果,共同应对可能存在的区域生态环境问题、气候问题等。

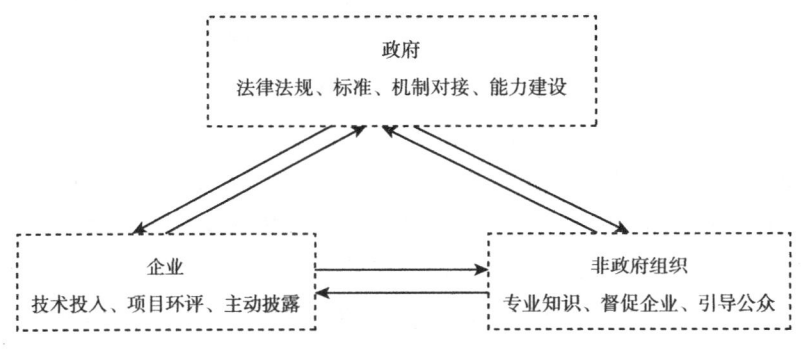

图 7-1 绿色投资治理体系示意图

第二节

引导企业绿色投资

面向"一带一路"发展绿色投资，从企业层面来看，企业应主动承担环境社会责任，做好投资项目的环境影响评估，探索开展"一带一路"战略环评，在实现企业经济效益的同时促进东道国绿色发展。

一、加强投资项目环评和战略环评

企业投资项目是国际直接投资的微观体现。绿色投资需要综合考虑经济、社会、环境等各方面因素，形成可持续发展的投资模式。"一带一路"虽然地域空间广阔，但环境承载力弱。一般认为，随着中国对沿线投资的增多，由于经济发展和环境压力尚未完全解耦或者脱钩，可能使个别国家面临一定程度的环境压力。一个可行的解决路径是对可能新增的环境压力予以预判，从源头上减少可能新增的环境压力。

当中国企业对有关国家新设项目时，东道国一般会提出更高的环境准入要求，中国企业到这些国家投资，有可能面临相对较多的变化性（刘秋妹，2020）。防范化解中国企业投资项目环境风险，需要提前做好投资项目的生态环境影响评价。将中国已有的投资项目生态环境影响评价制度扩展到境外合作项目，对中国在沿线新增的项目，按照项目环评的标准和流程，进一步识别承接地生态环境敏感区和脆弱区，分析评估投资项目的生态环境影响。根据中国企业投资项目环评结果，合理优化产能布局，排除可能存在的生态环境风险。

除微观的工业项目环评外，还应从宏观战略层面入手，积极开展"一带一路"战略环评。宏观层面的战略环评、规划环评、政策环评等措施已经在很多领域开展探索（赵楠，2010），但在"一带一路"应用不足。为推动绿色"一带一路"建设，需要在微观工业项目布局前，提前在规划政策等宏观层面介入，通过"一带一路"战略环评，客观评价中国产业投资和企业投资行为对东道国工业布局和生态环境可能带来的影响，为优化中国对"一带一路"投资提供支撑。

二、企业更好履行环境社会责任

中国与沿线国家一般会通过政府间签署投资贸易文件的方式，对企业绿地投资和工程项目进行约束。这些约束中，经常要求企业处理好企业发展与当地环境之间的关系，实现两者之间的平衡。因此，中国企业到各国发展首先需要熟悉了解并且严格执行当地的环境规制、政策标准等，承担起自身应该承担的、必要的责任和义务。岑鑫（2020）认为企业承担的环境责任属于企业社会责任的一部分，中国企业进行对外投资时要明确承担的环境责任。需要企业提高对生态环境保护的认识，主动承担相应的环境社会责任，按照东道国环境规制开展投资，有效规避环境风险，展示绿色发展的大国形象。中国企业在承担起必要的责任和义务的过程中，应该主动着手，提前做好必要的政策分析和结果预判，掌握主动权。如果发生环境争端，积极争取公正合理方式解决，树立负责任的中国企业形象，同时在东道国使用适宜的绿色技术和标准，创新发展绿色低碳技术，支持东道国绿色发展。

中国政府推动企业落实环境社会责任，有利于实现绿色投资发展，促进中国对外投资的可持续发展。政府应做好与企业的互动，加强企业对外投资的环境管理，完善对企业在"一带一路"东道国的投资审查。支持企业发挥自身主体作用，自觉遵守当地的环保标准和环境规制，积极承担环境社会责任，主动发布生态环境相关报告。按照投资合作中环境保护相关问题的指南，加强对企业投资行为的绿色指引，鼓励企业优先采用节能环保和绿色低碳的新材料、新工艺、新技术，提升节能减排能力，推动部分关键和重大的技术研发和应用。通过就地采取各种保护措施，实现生态修复。支持相关行业协会和商会建立企业投资准则，引导企业规范在东道国的生态环境行为。

三、加强政府间生态环境政策衔接

中国是"一带一路"倡议这一公共产品的输出国，聚焦生态文明建设、可持续发展目标，与沿线各国开展政府间生态环境合作，加强政策的有效衔接，为中国企业到有关国家发展提供良好的外部环境，有效降低环境风险。

首先，中国应主动加强与有关国家在生态环保战略以及各项绿色发展规划、政策交流的互鉴。构建通畅的环保信息对接和交互体系，加强生态环保管理机构的沟通合作，为企业投资提供环保信息支撑与保障。推动有关规制、政策、标准等生态环保信息的及时交互。加强与各国非营利性组织（NGO）之间的合作，为中国企业境外投资项目防范化解生态环境风险提供咨询，扩大中国对沿线国家的生态环保及领域信息共享，加强产品、技术、服务合作，为更加绿色的"一带一路"建设提供足够的环保信息支持和服务保障。

其次，通过政府间搭建合作平台，积极做好生态环保技术合作，开展科技创新项目。引导各类绿色、先进、适用的生态环保技术面向区域其他各国流动，并产生一定的辐射带动作用。加强各国间环境领域科技人员交流，引导各国间科研机构、智库等合作建立科研和技术开发平台，为"一带一路"绿色发展提供智力和科技支持。

最后，推动中国和各国民众在环保和绿色投资方面民心相通。对于距离较远的地区，民意交流主要依靠各类媒体和社会组织，发挥媒体的作用，更好凝聚共识。

第三节

合作发展绿色工业园区

支持东道国发展绿色工业园区是深化拓展中国与有关国家经济合作和生态环保合作的重要途径。中国已经有建设绿色工业园区的经验，可以在"一带一路"国家建设生态环保、节能低碳的工业园。同时，积极引导中国环保产业加大在这些国家的布局，从而支持东道国提升环境基础设施能力和水平。

一、"一带一路"工业园区情况

中国与有关国家开展境外园区合作有利于促进当地经济总量发展以及可持续发展（叶尔肯等，2017）。在有条件的东道国因地制宜建设一批合作工业园是中国与沿线国家合作的重点方向之一，将进一步带动中国技术标准和优势产能向有关国家转移。根据中国能源研究会发布的研究报告（2019）显示，中国企业在沿线布局的工业园数量呈现不断增加的趋势。目前，已经有一批园区投入运营，总计数量超过60个，入园企业超过3800家，累计投资总额近240

亿美元。从空间分布看，这些境外园区涉及 30 个国家，一些传统工业合作园区，比如重化工业园区主要分布在东南亚地区，与日常生活相关的轻工业等合作园区则较多分布在东南亚、南亚地区，各类工业园区空间分布与中国企业开展产能合作的情况结合得较为紧密，与东道国的资源禀赋特征相符。

工业园区是境外园区的主体，是沿线国家绿色发展的重要载体。2013～2018 年，中国企业对境外园区项目投资约占中国对沿线国家（地区）直接投资的 1/3。中国企业对沿线相关国家境外园区的投资主要集中在工业园区，工业园区累计投资额占境外园区投资额的 87%。同时这些工业园区的能源消耗和碳排放也较为集中，约占境外园区能耗总量的 90% 以上。因此，从节能减排、积极应对气候变化出发，更加绿色的"一带一路"建设需要加强中国在各国工业园区的绿色发展。一方面，中国与沿线有关国家合作建设绿色工业园区，有助于中国企业走出去，也有助于东道国在当地培育更多有增长潜力的产业，其中包括低碳产业。另一方面，在绿色工业园区建设过程中，随着园区自身的发展，与之相配套的金融和贸易体系将提供支撑服务，从而增强区域其他各国的园区建设能力和应对气候变化能力。

二、绿色工业园区建设路径

绿色工业园区是基于绿色发展理念，是结合工业园区发展特征提出的新发展方向。发展绿色工业园区有利于推动中国企业到当地进行绿色投资，带动当地提升绿色标准，形成绿色产业聚集。目前，部分学者对境外工业园区的资源环境潜力和可持续发展能力进行了跟踪研究，但对绿色工业园区的定义、内涵、措施等尚未形成广泛共识。王芳等（2020）认为对中国与区域其他各国的合作工业园需要进行客观的定量评估。不同类型工业园区的侧重点有所差异。对于传统的重化工业园区，目前已经在提升能源和资源使用效率方面取得了成效，但还需要推动绿色基础设施建设和绿色产业落地。对于与日常相关的轻工业园区，目前产业关联度较低，导致园区内能源和资源循环利用能力不足，需要加强园区循环化改造。对于高新技术园区，由于聚集了高附加值的企业，园区整体生态环境基础较好，碳排放强度较低，需要进一步提高资源能源使用效率。

绿色工业园区建设可以通过提高入园标准、引进绿色产业、打造专业园区、开展园区循环化改造等方式推进。在提高准入方面，中国入园企业投资项目需要发挥自身技术优势，主动采取高于当地的准入标准技术，发挥技术溢出效应，在生态环保方面发挥示范带动作用，并促进东道国上下游企业完善相关行业标准。在东道国建立产业科技标准示范中心，制定一系列技术、质量标准和规范，使中国企业投资项目成为东道国环保和质量建设的标杆。在引进绿色产业方面，主动培育光伏、新能源汽车、垃圾焚烧发电等绿色产业项目。在打造专业园区方面，围绕中国龙头企业打造专业化工业园区，系统实施工业园区污水处理，在工业园区探索绿色建筑、绿色交通建设。对工业园区内产业链、产品、资源代谢可以进行循环化改造（温宗国等，2016）。在境外工业园区中，从企业、产业链、园区平台三方面入手，推动产业链补链、强链，构建循环化的基础设施和产业共生平台。

总的来看，绿色工业园区需要引起重视，尽管这些合作工业园仍处于起步阶段，但其绿色发展有很大的潜力。同时，这些园区差异化较大，需要予以分类指导，形成差异化的绿色发展模式，通过绿色投资、绿色项目带动，发展绿色金融，加强园区改造升级，持续推进园区深度绿色化，促进境外园区绿色发展走上快车道。

三、支持东道国完善环境基础设施

一般认为，环境基础设施可以提升企业的"末端治理"，大幅减少污染排放。前期，中国企业到其他国家参与环境基础设施主要是出口环保设备、承接相关工程，区域其他各国的产业内部竞争较为激烈（贺秀英，2020）。要积极发挥中国环保企业在工业脱硫、脱硝等大气污染治理和工业污水处理等领域的优势，拓展东南亚、西亚、南亚等"一带一路"新兴市场份额，通过输出环境装备、开展环境工程、提供运维服务等方式，为东道国提供一揽子解决方案。鼓励和支持中国环保企业组团"走出去"，集群式发展环保产业，更好开拓市场。加强国家间生态环境产业合作，推动绿色投资项目落地实施。

在东道国完善环境基础设施建设，加强当地大气、水、土壤等领域污染治理和生态环境保护，有利于提升东道国绿色化、低碳化水平。同时，制定交通、建筑、能源等国民经济基础设施领域的生态环境标准和规范，在沿线国家推广行业节能减排、生态环保、绿色发展等标准和实践，为当地交通、建筑、能源等基础设施建设项目提供服务和必要的技术支持。

第四节

发展绿色金融和绿色贸易

发展绿色投资，需要积极发展绿色金融，提供支撑保障。同时，用好贸易对投资的促进作用，积极发展绿色供应链，促进绿色投资。

一、面向"一带一路"发展绿色金融

绿色金融指对有利于环境保护和污染治理的企业应该给予优先的融资支持，特别是当这些投资项目注重长期效益与生态效益相结合，符合绿色产业发展要求时，应该与普通的项目加以区别。因此，绿色金融强调将经济发展与环境保护相结合，全面推进可持续发展。积极发展绿色金融是全球推动绿色投资的重要措施。近年来，随着中国绿色产业不断发展，中国绿色金融快速发展，各类产品和服务种类不断增多，规模不断扩大，形成了在全球范围内比较完善的市场体系（陈婉，2020）。

绿色金融发展是中国国家治理体系和治理能力现代化，推动金融供给侧结构性改革的重要内容，完善绿色金融理论体系，构建更为完善的绿色金融体系将为绿色产业服务，更好应对气候变化提供有力支撑。中国绿色金融服务的主要产业目录为 2019 年 3 月出台的绿色产业指导目录，该目录成为国家层面统一绿色金融标准的主要依据。如果对中国绿色金融体系进行划分，那么可以理解为，只要能为绿色产业提供金融服务的措施，都属于这个体系的范围。贷款、债券、保险、基金等已有的措施，如果更多应用于服务绿色产业，都应属于绿色金融范畴（郭道玥，2020）。

（一）绿色信贷

绿色信贷强调把环境保护作为项目信贷审批的重要条件，给予优惠贷款，鼓励企业开展环保项目。随着中国银行业发展，结合各地产业发展特色和产业扶持政策，各类信贷产品创新不断增多，所提供的绿色信贷产品和服务也日渐丰富，各类绿色信贷包括光伏、节能、固废、绿色园区建设等各领域，信贷发

放过程中，企业的担保方式可以更加灵活，符合绿色领域的抵押物可再增多。

（二）绿色债券

绿色债券审核速度较快、募集方式多、成本相对较低。中国绿色债券市场规模不断扩大，已成为全球最大的绿色债券市场。据陈婉（2020）研究认为，中国绿色债券市场的规模已经超过3600亿元，其中境内市场约占67%、境外市场约占22%、资产证券化产品约占11%。

（三）绿色保险

一般认为，绿色低碳项目投资回报周期较长，多数为中长期项目，难以得到短期资金支持，保险资金追求长期稳定收益，与绿色投资的资金周期比较匹配，可以为中长期绿色项目提供有效支持。绿色保险主要是指环境污染责任保险（关迪，2019），总体规模可能达到8400亿元。保险资金可以用来参与企业投资，如果中国企业因为发展绿色产业而发行债务，那么保险资金持有一定比例的企业债权，也是绿色保险的组成部分。目前中国绿色保险总体仍处于起步阶段，随着绿色保险的相关标准和配套政策制度进一步完善，构建政策性导向的专业绿色保险体系，可以进一步增强中国的绿色保险整体能力。

（四）绿色基金

绿色基金主要包括各类以促进节能减排、可持续发展等为目标设立的基金。中国绿色基金主要以股权投资为主，主要集中在生态环境、新能源等重点领域，2019年中国绿色基金接近800支。中国绿色基金的总体规模有限，占全国基金总数的比重较小，约1%。在地方政府设立绿色基金，支持绿色产业投资，从而带动区域经济绿色低碳发展。绿色基金投资的PPP项目一般包括公路、污水处理、垃圾焚烧、生态修复等绿色产业。随着政府基金引导作用增强，投向绿色项目的基金将会越来越多。

全球绿色金融发展需要开展国际合作。随着中国和英国、法国、德国、欧盟等国家（地区）绿色金融国际合作不断深化，多边合作机制的建立和完善，绿色投资和资本跨境流动更加便利。绿色金融国际多边合作平台不断增多，影响力进一步扩大，中国积极参与其中，发挥了重要作用。但目前制约国际绿色金融发展的障碍仍然存在，如有效信息披露不足、各国绿色金融标准不统一，绿色投资发展水平有待提高等，这都表明绿色金融的发展还要经历一个发展过程，通过搭建中国与各国的信息交流渠道等多种方式加以推动（杜婕、张墨竹，2019）。"一带一路"框架下绿色金融发展需要多方努力，形成具备有效的运行能力的新体系。

打造绿色"一带一路"，推动能力建设，发展中国对东道国的绿色投资，需要积极推动中国绿色金融体系与有关国家开展持续的、具体的、务实有效的合作。比如，中国与有关国家的金融协会和社会组织等，可以对服务绿色投资约定统一的行为指南。在金融机构对企业项目支持过程中，需要金融行业的从业机构对企业的绿色发展予以统一认定，并有针对性的给予支持。企业、金融机构等各方都将环境因素纳入"一带一路"投融资决策，将绿色理念融入产业项目开展和金融产品开发等全流程管理。中国高度重视"一带一路"项目的可持续性，按照环境、社会和治理投资（ESG）原则来筛选项目（盖扎曼等，2020）。

在区域绿色金融体系发展中，需要加强对外投资的环境管理。有关金融机构应在支持绿色产业和生态环保项目实施中控制风险。除中国外，其他国际金融机构也是推动绿色金融发展必不可少的力量。国际金融机构通过签署绿色投资相关文件和共同认可的准则，助力企业项目尽可能实现绿色化。近年来，中国已经和部分国家共同建立了多支基金，各方都投入了较多财力。尽管这些资金很多都用来发展经济，但更应优先投入可持续发展项目，因为这些项目更符合双反的长远利益。中国国内金融机构，都在为跨国企业服务，如国家开发银行、进出口银行等，带动中央和地方资金、社会资金等多渠道投入，共同为绿色发展提供金融支持。

二、发展绿色贸易促进绿色投资

两国间的双向投资与贸易存在复杂关系，较早的研究认为国与国之间的投资有可能减少彼此之间的贸易量，因为很多产品可以在消费市场所在地生产。但随着国际直接投资的发展，也有研究认为投资可能促进国与国之间贸易量的增加，因为企业将产业链布局调整到国外后，反而可能成为母国的进口（李晓钟、徐慧娟，2018）。马怡佳（2018）分析了中国对"一带一路"投资的增长与彼此之间贸易的关系，发现随着中国投资的增加，可以刺激中国与有关国家间的贸易，两者之间是相互补充、相互促进的关系。东道国的市场规模越大，中国投资对其贸易带来的增长效果越突出。无论是对进口额还是出口额，中国的投资都产生了积极影响。边婧和张曙霄（2020）研究指出，从出口来看，中国在东南亚各国直接投资将可能减少出口额，相反在南亚各国的投资将可能增加对相关国家间的出口额。中国对南亚各国投资可能会减少相互的进口，而对西亚和中东欧的投资反而会刺激相互之间的进口。因此，中国在与沿线国家的投资贸易合作中，应注重东道国的差异性。

绿色贸易一般以绿色产品和服务为贸易对象，综合考虑环境保护、资源集约问题，实现贸易双方可持续发展，促成贸易全流程绿色化（姚峪岩等，2020）。近年来，随着经济增长带来的国际环境问题受到越来越多的关注，绿色消费、绿色贸易等逐步发展。贸易都是基于产品的进出口行为，绿色贸易的对象实质上是对那些对环境友好的产品开展贸易，政府应给此类贸易予以倾斜，如减税、纳入便利化措施名录等（胡涛、姬婧玉，2017）。绿色贸易可以推动供应链的绿色发展，进而引导绿色投资，助推绿色产业布局，促进各国贸易高质量发展。

绿色贸易早期关注进出口贸易中涉及的产品环境准入，主要指贸易谈判中的绿色贸易壁垒。中国在与"一带一路"国家开展贸易谈判时，应该充分考虑对部分有利于生态环境保护的商品提供良好的贸易环境。如果能够将贸易准入条件具体化，形成统一的认识，那么将有助于中国企业"走出去"，提高中国环保产业对外开放的总体水平，积极扩大中国绿色产业和服务的进出口。

绿色贸易体系强调供应链的构建，发展绿色贸易有利于促进可持续生产和绿色消费。面向"一带一路"国家，中国应加强与区域其他各国开展供应链合作。通过供应链上下游联动，可以促进各个环节绿色发展和节能环保，降低对生态环境的影响。

第五节

完善国际投资协定环境条款

环境问题无国界，随着全球跨国投资的发展，投资所引发的环境事件频发，全球环保意识逐渐觉醒，环境与投资的协调成为国际社会关注的重点问题之一。早期解决环境问题的主要方式通过多边环境协议（Multilateral Environmental Agreement，MEAs），但由于此类协议仅具有软约束，各国开始尝试在投资协定中纳入环境条款，以对跨国投资活动进行规范和引导，更好保护环境。

当前不断涌现的国际投资协定中，既包括双边的投资协定①，也包括含有投资条款的相关协定。据 UNCTAD 统计，目前全球已经签订的 BITs 共有 2898 个（2343 个有效），TIPs 有 417 个（324 个有效）。OECD 学者曾对 1623 个 IIAs 进行了分析研究发现：一是 133 个 IIAs（占样本的 8.2%）涉及环境问题，30 个 TIPs 中均包含有关环境的表述，但 BITs 中含有环境内容的仅有 6.5%；二是到 2005 年，50% 以上新签订的 BIT 中包含了环境条款，2008 年新缔结的条约中有 89% 涉及环境问题；三是协定中有关环境的条款大致可以归为 7 个方面，即序言中包含相关内容，不降低与环境有关的标准来吸引外商直接投资，保留环境政策空间的一般权利，通过具体条约规定、争端解决机制，通过政府间协商解决环境问题②。CPTPP 目前设立环境专章强调缔约方共同应对环境挑战。虽然 CPTPP 暂停了 TPP 第 20.17 条 "关于野生动物非法获取和非法贸易" 的内容，但加大了各缔约方国内环境法实施的实质性义务，当履行 MEAs③ 规定在环境磋商等三种方式无法解决有关问题时，对适用争端解决程序进行专门规定。

除了 IIAs 外，部分国家还通过投资协定模板等方式④，进一步将有关环境条款固化下来。如美国 BIT 模板（2012 U. S. Model Bilateral Investment Treaty）⑤

---

① 第一种是宽泛的经济条约，如包括 BITs 中的义务（例如一个带有投资章节的自由贸易协定）；第二种含有与投资有关的有限条款的协定（例如仅含关于设立投资或自由转让与投资有关的资金的条款）；第三种只包含"框架"条款的协定，例如关于投资领域合作和（或）对今后就投资问题进行谈判部署的条款。

② Gordon, K. and J. Pohl (2011), Environmental Concerns in International Investment Agreements: A Survey, OECD Working Papers on International Investment, No. 2011/01, OECD Publishing, Paris.

③ 《濒危野生动物和植物物种国际贸易公约》《国际防止船舶造成污染公约》《美洲热带金枪鱼公约》《湿地公约》《国际捕鲸公约》《南极海洋生物资源保护公约》和《消耗臭氧层物质的蒙特利尔议定书》。

④ 除了国际投资协定之外，还有一种开放式的投资相关工具（Investment - Related Instruments, IRIs），它包括各种具有约束力和不具有约束力的文书，如协议模板、关于争端解决和仲裁规则的多边公约、国际组织通过的文件等。UNCTAD, International Investment Agreements Navigator. https://investmentpolicy.unctad.org/international - investment - agreements/.

⑤ 2012 U. S. Model Bilateral Investment Treaty. https://investmentpolicy.unctad.org/international - investment - agreements/treaty - files/2870/download.

第12条在投资和环境相关内容中,通过详细规定与环境有关的内容,第1款强调缔约方各自的政策以及协定在保护环境方面具有重要作用。第2款规定不得削弱或者降低环境保护标准来吸引投资。第3款和第5款确认了缔约国的环境权利。第4款明确了环境法的范围,列举了防范对人类、动植物生命健康造成威胁的三类情况。第6款和第7款则规定了磋商程序和公众参与的内容。类似的模板还有意大利BIT模板(2020)。

从中国的实践来看,根据UNCTAD统计,1982年至今,中国共签署了BITs有124个(107个生效)、TIPs有24个(19个生效)。1985年,中国—新加坡BIT首次出现与环境相关的条款,但规定相对笼统。2015年签订的中韩自由贸易协定是我国首次将环境单独列章(第十六章),并明确涉及环境保护水平等条款,但该章讨论的重点仍然是环境与贸易的关系,对投资的涉及不多,仅在缔约双方确定的指示性清单合作领域中提出在两国各自建立环境产业示范区基地。2020年年底完成谈判的中欧投资协定(EU – China Comprehensive Agreement on Investment,CAI)将可持续发展纳入双方的投资关系,强调双方的投资关系是建立在可持续发展原则基础上的,中国承诺在环境领域不降低保护标准以吸引投资,不为保护主义目的使用环境标准;在环境领域中国将支持企业履行社会责任;遵守对环境和应对气候变化的承诺等。

目前我国已经成为全球主要的投资流入地和输出地,为更好地促进外资流入和有效应对我国对外直接投资的环境风险,可以在我国已有实践的基础上,充分吸收借鉴高标准BIT或自由贸易协定的中环境专章(条款)的有益经验,强化程序性规定及争议仲裁,采用环境附属协议的方式对环境条款进行细化补充等。

小 结

本章围绕在"一带一路"发展绿色投资的可行措施进行了研究。第一,中国与沿线各国实现转型发展是长期的发展趋势和必由之路,中国投资的绿色化,将为改善东道国环境和应对气候问题发挥关键作用,并成为国家间相互促进可持续发展的桥梁和纽带。第二,在绿色"一带一路"建设过程中,通过企业投资项目环评,探索"一带一路"战略环评,有利于提前将生态环境因素考虑进去,优化中国企业的投资选址和相关产业在当地的空间布局。企业要熟悉了解东道国在生态环境方面相关的规制、政策、标准等要求，并积极承担相应的责任和义务。各国政府间应做到相关规划、政策、标准等相互衔接，并保障能够及时共享，从而为企业在东道国的投资提供良好的环境。第三，中国与沿线各国可以合作建设绿色工业园区。总体上看，现有的合作工业园仍然属于起步阶段，发展绿色工业园区可以通过提高入园标准、引进绿色产业、打造专业园区、开展园区循环化改造等方式推进。中国企业在沿线国家扩展环保产业，支持建设环境基础设施，将帮助当地加快环境减排和绿色发展。第四，发展绿色投资需要绿色金融提供支撑保障。引导金融机构将投资项目的长期效益与生态效益相结合，通过信贷、债券、保险、基金等方式，支持绿色投资和绿色产业的发展。绿色贸易可以延长符合生态环保要求的产业链和供应链，有利于引导绿色投资。第五，完善国际投资协定中的环境条款。充分吸收借鉴高标准双边投资协定（BIT）或自由贸易协定的中环境专章（条款）的有益经验，对跨国投资活动进行规范和引导，更好保护环境。

第八章

结论与展望

本章对全书研究过程中涉及的主要内容、核心成果、各方面研究结论和相关政策建议等进行了归纳总结，提出了研究和分析过程中存在的不足，指出了下一步研究中重点关注的方向。

第一节

主要结论

本书围绕中国直接投资与"一带一路"沿线国家（地区）环境影响和绿色发展，梳理归纳国内外相关研究成果，分析绿色发展的内涵与路径，研究搭建国际直接投资与绿色发展内在联系的分析框架，通过实证研究和政策研究，讨论东道国环境规制对中国企业投资区位选择的影响、中国直接投资对沿线东道国的环境效应、促进绿色投资发展等重要问题，为推动"一带一路"的"碳减排"和"碳中和"提供研究支撑。

第一，综合分析中国对"一带一路"沿线 64 国（地区）直接投资（China Direct Investment，CDI）的特征，分区域和分领域整理投资情况，系统分析发展趋势，运用复杂网络方法，研究"一带一路"沿线东道国投资网络的发展变化。"一带一路"沿线国家（地区）吸引的国际直接投资在全球所占份额不断提高，CDI 增速高于中国对外直接投资的整体增速，占中国对外投资总量的份额最高达到 15.2%。CDI 对东南亚地区各国的投资最多，其次为西亚北非和东北亚地区，分别达到 10.2%、11.7%。中国企业投资的领域从以能源为主，发展为一二三产业并重的多元投资结构。中国与沿线各国共同构成复杂的网络化投资格局，中国始终位于"一带一路"投资网络的中心，中心度由 2012 年的 89.06 提高到 2019 年的 96.87。中国、俄罗斯、新加坡、印度等在投资网络中发挥了突出的作用。"一带一路"倡议提出后沿线各国间的投资更加活跃，彼此之间的投资网络连接更加丰富而紧密，各国在投资网络格局中的作用更加趋向均衡发展。

第二，分区域、分领域整理中国企业对"一带一路"投资的选址和区位分布数据，基于纳入空间因素的离散选择模型（Logit 模型），实证检验"一带一路"东道国环境规制对中国企业投资选址的影响。中国企业在"一带一路"64 国（地区）超过 1 亿美元的投资项目达到 1312 个，包括绿地投资项目、跨国并购项目、工程项目。以中国企业对"一带一路"投资项目选址结果作为研究对象，基于纳入空间因素的离散选择模型构建企业选址模型，对不同模型结构进行了比较分析，实证检验了"一带一路"东道国环境规制水平以及其他区位因素对中国企业投资项目选址的影响，并应用不同空间权重矩阵，对结果进行了稳健性检验。结果显示，总体来看，东道国的环境规制水平与中国企业投资结果呈显著的负相关性，即东道国提升环境规制将抑制中国企业投资。针对不同类型投资项目，东道国较强的环境规制将使中国企业的绿地投资项目和工程项目减少，但有利于吸引中国企业的跨国并购项目。东道国环境规制水平对能源、交通、物流等传统行业以及科技、化工、农业、金融、服务等行业的中国企业投资影响存在一定差异。在传统行业领域，东道国环境规制水平对能源、交通物流、不动产及公用设施等领域的中国企业投资选址具有一定的抑制作用。在新兴行业领域，中国企业在化工领域投资项目更多布局在环境规制水平较低的东道国，而服务领域投资项目更多布局在环境规制水平较高的东道国。此外，中国企业更倾向于将绿地投资项目和工程项目布局在距离相对较近的东道国。中国企业的跨国并购项目更倾向于选择在资本存量较为充足的东道国。东道国基础设施条件越好、政府投入力度越大，越有利于承接中国企业各类投资项目。

第三，"一带一路"沿线各国吸引国际直接投资显著增加了当地的碳排放总量和人均碳排放强度，但中国直接投资给当地带来了碳减排效应。本书基于经济开放对环境的规模、结构、技术效应模型，构建改进的国际直接投资对东道国环境影响实证模型，将 CDI 和除 CDI 以外的国际直接投资均纳入模型分析，采用面板数据和固定效应分析方法，多角度多层次分析中国直接投资 CDI 对"一带一路"东道国碳排放的影响。结果显示 2009~2018 年，CDI 显著降低了"一带一路"东道国的碳排放总量，体现为碳减排效应，不支持污染避难所效应。除 CDI 以外的国际直接投资并未发挥类似作用。引入 CDI 的时间滞后项进行结果的稳健性检验，并引入东道国与中国距离、东道国与中国签署投资协定情况、东道国从中国进口占其全部进口的份额等三个变量作为工具变量，通过 2SLS 方法进行内生性检验，上述结论仍然成立。考虑"一带一路"东道国的差异性，引入交叉项回归分析，结果显示 CDI 对中东欧、西亚北非、东南亚地区的东道国具有明显的碳减排效应。CDI 显著降低了"一带一路"高收入、中高收入东道国的碳排放总量。这可能是由于不同区域、不同发展水平的国家吸引 CDI 的行业结构存在差异。

第四，建设绿色"一带一路"需要发展绿色投资，加快实现各国"碳中和"。面向"一带一路"东道国发展绿色投资，需要综合考虑东道国经济、社会、环境等各方面因素和准则，形成可持续发展的投资模式。加强企业投资项目的环境影响评估，探索从宏观战略层面开展"一带一路"战略环评，提前将生态环境因素考虑进去，优化中国企业的投资选址和相关产业在当地的空间布局。中国企业应主动了解东道国在生态环境方面相关的规制、政策、标准等准入要求，积极承担相应的责任和义务。加强相关规划、政策、标准等相互衔接，并保障能够及时分享，为中国企业在东道国的投资提供良好的环境。中国与沿线国家（地区）可以合作建设绿色工业园区，通过提高入园标准、引进绿色产业、打造专业园区、开展园区循环化改造等方式推进。支持中国环保产业"走出去"，开展环境基础设施建设，帮助当地加快环境减排，实现绿色发展。发展绿色金融为投资项目提供支撑，通过绿色贸易引导绿色供应链和绿色投资发展。完善国际投资协定中的环境条款，充分吸收借鉴高标准双边投资协定（BIT）或自由贸易协定中的环境专章（条款）的有益经验，对跨国投资活动与环境的关系进行规范和引导，更好保护环境。

第二节

研究展望

本书以中国对"一带一路"64 国家（地区）投资为研究对象，讨论中国投资的发展趋势，围绕绿色"一带一路"建设，讨论东道国环境规制对中国企业投资选址的影响，实证检验了中国投资对东道国碳排放影响，对发展"一带一路"绿色投资提出了措施建议，都具有一定的研究价值。但由于数据

的可获得性等相关问题,后续研究建议围绕以下方面深入推进:

第一,由于国际直接投资数据的可获得性不足,中国与"一带一路"国家的复杂投资网络格局分析仅限于部分国际组织调查数据,如能完善投资数据获取渠道,可以充分发挥复杂网络理论优势,研究中国与"一带一路"国家复杂网络格局的演进趋势,探索将网络节点的属性纳入投资与环境效应实证分析模型。

第二,关于中国企业在投资项目选址问题研究,已经得到影响企业选址的东道国区位因素。基于纳入空间因素的企业选址模型,可进一步研究构建预测分析模型,讨论未来中国企业在"一带一路"投资可能的空间分布,从而对优化产业布局、发展绿色投资提供研究支撑。

第三,关于中国对"一带一路"直接投资对东道国环境效应的影响分析,已经构建了模型结构,目前仍是基于国家层面的实证研究,数据相对有限。如能解决数据可获得性问题,将研究分析层级深入东道国省级层面,则有利于进一步检验污染避难所效应或者污染光环效应结果的稳健性,并丰富完善东道国差异性分析,使研究更具有针对性。

参 考 文 献

[1] Acharyya J. FDI, growth and the environment: Evidence from India on CO_2 emission during the last two decades [J]. Journal of economic development, 2009, 34 (1): 43.

[2] Addison T, Heshmati A. The new globaldeterminants of FDI flows to developing countries [J]. World Institute for Development Economics Research WIDER, Discussion Paper, 2003 (2003/45).

[3] Albornoz F, Cole M A, Elliott R J, et al. In search of environmental spillovers [J]. The World Economy, 2009, 32: 136 – 163.

[4] Albornoz F, Cole M A, Elliott R J, et al. The environmental actions of firms: examining the role of spillovers, networks and absorptive capacity [J]. Journal of Environmental Management, 2014, 146: 150 – 163.

[5] Alena Dorakh. A Gravity Model Analysis of FDI across EU Member States [J]. Journal of Economic Integration, 2020, 35 (3): 426 – 456.

[6] Andreoni J, Levinson A. The simple analytics of the environmental Kuznets curve [J]. Journal of public economics, 2001, 80 (2): 269 – 286.

[7] Anselin L, Rey S. Properties of tests for spatial dependence in linear regression Models [J]. Geographical Analysis, 1991, 23 (2): 112 – 131.

[8] Antweiler W, Copeland B R, Taylor M S. Is free trade good for the environment? [J]. American Economic Review, 2001, 91 (4): 877 – 908.

[9] Arauzo – Carod J M, Liviano – Solis D. Empirical studies in industrial location: an assessment of their methods and results. Journal of Regional Science, 2010, 50 (3): 685 – 711.

[10] Arauzo – Carod J M, ViladecansMarsal E. Industrial location at the intra – metropolitan level: the role of agglomeration economies. Regional Studies, 2009, 43

(4): 545-558.

[11] Arrow K, Bolin B, Costanza R, et al. Economic growth, carrying capacity, and the environment [J]. Ecological economics, 1995, 15 (2): 91-95.

[12] Asiedu E. Foreign direct investment in Africa: The role of natural resources, market size, government policy, institutions and political instability [J]. World economy, 2006, 29 (1): 63-77.

[13] Asiedu E. On the determinants of foreign direct investment to developing countries: is Africa different? [J]. World development, 2002, 30 (1): 107-119.

[14] Baier S, Yotov Y, Zylkin T. On the widely differing effects of free trade agreements: Lessons from twenty years of trade integration [J]. Journal of International Economics, 2019, 116: 206-226.

[15] Baltagi B H, Egger P, Pfaffermayr M. Estimating models of complex FDI: Are there third-country effects? [J]. Journal of Econometrics, 2007, 140 (1): 260-281.

[16] Bansal P, Roth K. Why companies go green: A model of ecological responsiveness [J]. Academy of management journal, 2000, 43 (4): 717-736.

[17] Bao Q, Chen Y, Song L. Foreign direct investment and environmental pollution in China: a simultaneous equations estimation [J]. Environment and Development Economics, 2011, 16 (1): 71-92.

[18] Bartik T J. The effects of environmental regulation on business location in the United States. Growth and Change [J], 1988, 19 (3): 22-44.

[19] Basile R, Castellani D, Zanfei A. National boundaries and the location of multinational firms in Europe [J]. Papers in Regional Science, 2009, 88 (4): 733-748.

[20] Battiston S, Rodrigues J F, Zeytinoglu H. The network of inter-regional direct investment stocks across Europe [J]. Advances in Complex Systems, 2007, 10 (1): 29-51.

[21] Beckerman W. Economic development and the environment: conflict of complementarity? [R]. the World Bank, 1992.

[22] Békés G, Bisztray M. Do friends follow each other? FDI network effects in Central Europe [R]. IEHAS Discussion Papers, 2017.

[23] Bergstrand J H, Egger P. A knowledge – and – physical – capital model of international trade flows, foreign direct investment, and multinational enterprises [J]. Journal of International Economics, 2007, 73 (2): 278 – 308.

[24] Bhat C R, Paleti R, Singh P. A spatial multivariate count model for firm location decisions [J]. Journal of Regional Science, 2014, 54 (3): 462 – 502.

[25] Bildirici M, Gokmenoglu S M. The impact of terrorism and FDI on environmental pollution: evidence from Afghanistan, Iraq, Nigeria, Pakistan, Philippines, Syria, Somalia, Thailand and Yemen [J]. Environmental Impact Assessment Review, 2020, 81: 106 – 340.

[26] Blanc – Brude F, Cookson G, Piesse J, et al. The FDI location decision: Distance and the effects of spatial dependence [J]. International Business Review, 2014, 23 (4): 797 – 810.

[27] Bo B N, Asmussen C F, Weatherall C D. The location choice of foreign direct investments: Empirical evidence and methodological challenges [J]. Journal of World Business, 2017, 52 (1): 62 – 82.

[28] Bodenmann B R, Axhausen K W. Effects and Side Effects of Measures to Attract Firms – A Micro – Simulation Study of Firm Location Choice [J]. DisP – The Planning Review, 2012, 48 (4): 14 – 28.

[29] Bolívar L M, Casanueva C, Castro I. Global foreign direct investment: A network perspective [J]. International Business Review, 2019, 28 (4): 696 – 712.

[30] Bruno R L, Campos N, Estrin S, et al. Economic integration, foreign investment and international trade: the effects of membership of the European Union [J]. 2017.

[31] Bu M, Wagner M. Racing to the bottom and racing to the top: The crucial role of firm characteristics in foreign direct investment choices [J]. Journal of International Business Studies, 2016, 47 (9): 1032 – 1057.

[32] Buckley P J, Clegg L J, CrossA R, et al. The determinants of Chinese outward foreign direct investment [J]. Journal of international business studies,

2007, 38 (4): 499 - 518.

[33] Buckley P J. Internalization thinking: from the multinational enterprise to the global factory [J]. International Business Review, 2009, 18 (3): 224 - 235.

[34] Canh N P, Binh N T, Thanh S D, et al. Determinants of foreign direct investment inflows: The role of economic policy uncertainty [J]. International Economics, 2020, 161: 159 - 172.

[35] Carlson V. Studying firm locations: Survey responses vs. econometric models [J]. Journal of Regional Analysis & Policy, 2000, 30 (1): 1 - 22.

[36] Carlton D W. The location and employment choices of new firms: An econometric model with discrete and continuous endogenous variables [J]. The Review of Economics and Statistics, 1983: 440 - 449.

[37] Carr D L, Markusen J R, Maskus K E. Estimating the knowledge - capital model of the multinational enterprise [J]. American Economic Review, 2001, 91 (3): 693 - 708.

[38] Celo S, Chacar A S. A Network View of FDI Drivers [C] //Academy of Management Proceedings. Briarcliff Manor, NY 10510: Academy of Management, 2014, 2014 (1): 16778.

[39] Chan M W L, Hou K, Li X, et al. Foreign direct investment and its determinants: A regional panel causality analysis [J]. The Quarterly Review of Economics and Finance, 2014, 54 (4): 579 - 589.

[40] Chang S C. The determinants and motivations of China's outward foreign direct investment: A spatial gravity model approach [J]. Global Economic Review, 2014, 43 (3): 244 - 268.

[41] Chang S J, Park S. Types of firms generating network externalities and MNCs' co - location decisions [J]. Strategic Management Journal, 2005, 26 (7): 595 - 615.

[42] Cole M A, Elliott R J, Strobl E, et al. The environmental performance of firms: the role of foreign ownership, training and experience [J]. Ecological Economics, 2008, 65: 538 - 546.

[43] Cole M A, Elliott R J, Zhang J. Growth, foreign direct investment, and

the environment: evidence from Chinese cities [J]. Journal of Regional Science. 2011, 51: 121 – 138.

[44] Copeland B, Taylor M S. North – South trade and the environment [J]. The Quarterly Journal of Economics, 1994, 109 (3): 755 – 787.

[45] Coughlin C C, Segev E. Location determinants of new foreign – owned manufacturing plants [J]. Journal of Regional Science, 2010, 40 (2): 323 – 351.

[46] Coursey D, Hartwell C. Environmental and public health outcomes: An international and historical comparison [R]. 2000.

[47] Dardati E, Saygili M. Multinationals and environmental regulation: are foreign firms harmful? [J] Environment and Development Economics, 2012, 17: 163 – 186.

[48] De Masi G, Giovannetti G, Ricchiuti G. Network analysis to detect common strategies in Italian foreign direct investment [J]. Physica A: Statistical Mechanics and its Applications, 2013, 392 (5): 1202 – 1214.

[49] De Mello L R. Foreign direct investment – led growth: evidence from time series and panel data [J]. Oxford economic papers, 1999, 51 (1): 133 – 151.

[50] Demena B A, van Bergeijk P A G. Observing FDI spillover transmission channels: evidence from firms in Uganda [J]. Third World Quarterly, 2019, 40 (9): 1708 – 1729.

[51] Desbordes R, Darby J, Wooton I. Institutional quality and FDI to the South: An analytical approach. Discussion paper. 2011, University of Strathclyde, Glasgow.

[52] Dijkstra B, Mathew A, Mukherjee A. Environmental regulation: an incentive for FDI [J]. University of Nottingham Research Paper, 2006 (2006/38).

[53] Dong B J, Gong J, Zhao X. FDI and environmental regulation: pollution haven or a race to the top? [J]. Journal of Regulatory Economics, 2012, 41 (2): 216 – 237.

[54] Dorakh A. A Gravity Model Analysis of FDI across EU Member States [J]. Journal of Economic Integration, 2020, 35 (3): 426 – 456.

[55] Dorogovtsev S N, Mendes J F F. Evolution of networks: From biological

nets to the Internet and WWW [M]. OUP Oxford, 2013.

[56] Dunning J H. Location and the multinational enterprise: a neglected factor? [J]. Journal of international business studies, 1998, 29 (1): 45 – 66.

[57] Dunning J H. Trade, location of economic activity and the MNE: A search for an eclectic approach [M] //The international allocation of economic activity. Palgrave Macmillan, London, 1977: 395 – 418.

[58] Dyllick T, Hockerts K. Beyond the business case for corporate sustainability [J]. Business strategy and the environment, 2002, 11 (2): 130 – 141.

[59] Eskeland G S, HarrisonA E. Moving to greener pastures? Multinationals and the pollution haven hypothesis [J]. Journal of development economics, 2003, 70 (1): 1 – 23.

[60] Fosfuri A, Motta M, Rønde T. Foreign direct investment and spillovers through workers' mobility [J]. Journal of international economics, 2001, 53 (1): 205 – 222.

[61] Freeman L C. A set of measures of centrality based on betweenness [J]. Sociometry, 1977: 35 – 41.

[62] Galeotti M, Lanza A. Desperately seeking environmental Kuznets [J]. Environmental Modelling & Software, 2005, 20 (11): 1379 – 1388.

[63] Gallagher K P, Zarsky L. The enclave economy: foreign investment and sustainable development in Mexico's Silicon Valley [M]. Mit Press, 2007.

[64] Garas A, Lapatinas A, Poulios K. The relation between migration and FDI in the OECD from a complex network perspective [J]. Advances in Complex Systems, 2016, 19 (06n07): 1650009.

[65] Garretsen H, Peeters J. FDI and the relevance of spatial linkages: do third – country effects matter for Dutch FDI? [J]. Review of World Economics, 2009, 145 (2): 319 – 338.

[66] Georgescu – Roegen N. The entropy law and the economic process in retrospect [J]. Eastern Economic Journal, 1986, 12 (1): 3 – 25.

[67] Gholami R, Tom Lee S Y, Heshmati A. The causal relationship between information and communication technology and foreign direct investment [J]. World Economy, 2006, 29 (1): 43 – 62.

[68] GlassA J, Saggi K. International technology transfer and the technology gap [J]. Journal of Development Economics, 1998, 55 (2): 369 – 398.

[69] Goerzen A, Asmussen C G, Bo B N. Global cities and multinational enterprise location strategy [J]. Journal of International Business Studies, 2013, 44 (5): 427 – 450.

[70] Golub S S, Kauffmann C, Yeres P. Defining and measuring green FDI: An exploratory review of existing work and evidence [J]. 2011.

[71] Gonzalez B A, Palma R E, Zapata B, et al. Taxonomic and biogeographical status of guanaco Lama guanicoe (Artiodactyla, Camelidae) [J]. Mammal Review, 2006, 36 (2): 157 – 178.

[72] González – Benito J, González – Benito Ó. A review of determinant factors of environmental proactivity [J]. Business Strategy and the environment, 2006, 15 (2): 87 – 102.

[73] Grossman G M, Krueger A B. Economic growth and the environment [J]. The quarterly journal of economics, 1995, 110 (2): 353 – 377.

[74] Grossman G M, Krueger A B. Environmental impacts of a North American free trade agreement [R]. National Bureau of economic research, 1991.

[75] Guimarães P, Figueirdo O, Woodward D. A tractable approach to the firm location decision problem [J]. The Review of Economics and Statistics, 2003, 85 (1): 201 – 204.

[76] Hall S G, Petroulas P. Spatial interdependencies of FDI locations: A lessening of thetyranny of distance? [J]. 2008.

[77] Hanna R. US environmental regulation and FDI: evidence from a panel of US – based multinational firms [J]. American Economic Journal: Applied Economics, 2010, 2 (3): 89 – 158.

[78] Hanson G H, Mataloni Jr R J, Slaughter M J. Vertical production networks in multinational firms [J]. Review of Economics and statistics, 2005, 87 (4): 664 – 678.

[79] Hayakawa K, Tsubota K. Location choice in low – income countries: Evidence from Japanese investments in East Asia [J]. Journal of Asian Economics, 2014, 33: 30 – 43.

[80] He J. Pollution haven hypothesis and environmental impacts of foreign direct investment: The case of industrial emission of sulfur dioxide (SO_2) in Chinese provinces [J]. Ecological Economics, 2006, 60 (1): 228 – 245.

[81] Head K, Mayer T. Market potential and the location of Japanese investment in the European Union [J]. Review of Economics & Statistics, 2004, 86 (4): 959 – 972.

[82] Hoffmann R, Lee C G, Ramasamy B, et al. FDI and pollution: a granger causality test using panel data [J]. Journal of International Development: The Journal of the Development Studies Association, 2005, 17 (3): 311 – 317.

[83] Hubler M, Keller A. Energy savings via FDI? Empirical evidence from developing countries [J]. Environment and Development Economics, 2010, 15 (1): 59 – 80.

[84] Huyen L H B, Hoang B. Determinant of the factors affecting Foreign Direct Investment (FDI) flow to Thanh Hoa province in Vietnam [J]. Procedia – Social and Behavioral Sciences, 2015, 172 (2015): 26 – 33.

[85] Hymer S H, Cohen R B, Dennis N. The multinational corporation: A radical approach [M]. Cambridge: Cambridge University Press, 1979.

[86] Javorcik B S, Wei S J. Pollution havens and foreign direct investment: dirty secret or popular myth? [J]. Contributions in Economic Analysis & Policy, 2003, 3 (2): 1 – 32

[87] Kang Y, Jiang F. FDI location choice of Chinese multinationals in East and Southeast Asia: Traditional economic factors and institutional perspective [J]. Journal of world business, 2012, 47 (1): 45 – 53.

[88] Kim M H, Adilov N. The lesser of two evils: an empirical investigation of foreign direct investment – pollution tradeoff [J]. Applied Economics, 2012, 44: 2597 – 2606.

[89] Kim Y, Rhee D E. Do stringent environmental regulations attract foreign direct investment in developing countries? Evidence on the "Race to the Top" from cross – country panel data [J]. Emerging Markets Finance and Trade, 2019, 55 (12): 2796 – 2808.

[90] Kogut B, Chang S J. Technological capabilities and Japanese foreign

direct investment in the United States [J]. The Review of Economics and Statistics, 1991: 401 – 413.

[91] Kojima K, Ozawa T. Micro – and macro – economic models of direct foreign investment: toward a synthesis [J]. Hitotsubashi Journal of Economics, 1984: 1 – 20.

[92] Krugman P. Increasing returns and economic geography [J]. Journal of Political Economy, 1991. 99 (3): 483 – 499.

[93] Lambert D M, Mcnamara K T, Garrett M I. An application of spatial poisson models to manufacturing investment location analysis [J]. Journal of Agricultural & Applied Economics, 2006, 38 (1): 105 – 121.

[94] Lambert D M, Mcnamara K T. Location determinants of food manufacturers in the United States, 2000 – 2004: are nonmetropolitan counties competitive? [J]. Agricultural Economics, 2009, 40 (6): 617 – 630.

[95] Lampe M, Ellis S R, Drummond C K. What companies are doing to meet environmental protection responsibilities: Balancing legal, ethical, and profit concerns [C] //Proceedings of the International Association for Business and Society. 1991, 2: 1053 – 1073.

[96] Lesage J P, Pace R K. The biggest myth in spatial econometrics [J]. Econometrics, 2014, 2 (4): 217 – 249.

[97] Lesage J P. An introduction to spatial econometrics [J]. Revue d'économie industrielle, 2008 (123): 19 – 44.

[98] Letchumanan R, Kodama F. Reconciling the conflict between the pollution – haven hypothesis and an emerging trajectory of international technology transfer [J]. Research policy, 2000, 29 (1): 59 – 79.

[99] Li Y, Zhu K. Spatial dependence and heterogeneity in the location processes of new high – tech firms in Nanjing, China [J]. Papers in Regional Science, 2017, 96 (3): 519 – 535.

[100] List J A, McHone W W, Millimet D L. Effects of environmental regulation on foreign and domestic plant births: is there a home field advantage? [J] Journal of Urban Economics, 2004, 56 (2): 303 – 326.

[101] List J A. US county – level determinants of inbound FDI: evidence from

a two – step modified count data model [J]. International Journal of Industrial Organization, 2001, 19 (6): 953 – 973.

[102] Liu Q, Wang S, Zhang W, et al. Does foreign direct investment affect environmental pollution in China's cities? A spatial econometric perspective [J]. Science of the total environment, 2018, 613: 521 – 529.

[103] Liviano D, Arauzo – carod J M. Industrial location and spatial dependence: an empirical application [J]. Regional Studies, 2014, 48 (4): 727 – 743.

[104] Loree D W, Guisinger S E. Policy and non – policy determinants of US equity foreign direct investment [J]. Journal of international business studies, 1995, 26 (2): 281 – 299.

[105] Mabey N, McNally R. Foreign Direct Investment and the Environment: From Pollution Havens to Sustainable Development: a WWF – UK Report [M]. WWF – UK, 1999.

[106] Manderson E, Kneller R. Environmental regulations, outward FDI and heterogeneous firms: are countries used as pollution havens? [J]. Environmental and Resource Economics, 2012, 51 (3): 317 – 352.

[107] Markusen J R, Morey E R, Olewiler N D. Environmental policy when market structure and plant locations are endogenous [J]. Journal of environmental economics and management, 1993, 24 (1): 69 – 86.

[108] Mataloni Jr R J. The structure of location choice for new US manufacturing investments in Asia – Pacific [J]. Journal of World Business, 2011, 46 (2): 154 – 165.

[109] McFadden D. The choice theory approach to market research [J]. Marketing science, 1986, 5 (4): 275 – 297.

[110] Menyah K, Yemane W R. Energy consumption, pollutant emissions and economic growth in South Africa [J]. Energy Economics, 2010, 32 (6): 1374 – 1382.

[111] Mesagan E. Economic growth and environment nexus: the role of foreign direct investment [J]. A Research Journal on Contemporary Issues and Development, 2015, 4 (3): 44 – 52.

[112] Meyborg M. The Impact of FDI on Innovation and Networking Activity in Central and Eastern Europe – A Patent Analysis [J]. 2010.

[113] Miyamoto M, Lu X, Shimazaki Y. Empirical Study of China's Outward Foreign Direct Investment for 2001 – 2008 [J]. Chinese Business Review, 2011, 10 (12): 1167 – 1180.

[114] Myles Shaver J, Flyer F. Agglomeration economies, firm heterogeneity, and foreign direct investment in the United States [J]. Strategic management journal, 2000, 21 (12): 1175 – 1193.

[115] Neequaye N A, Oladi R. Environment, growth and FDI revisited [J]. International Review of Economics and Finance, 2015, 39: 47 – 56.

[116] Newman M E J. The structure and function of complex networks [J]. SIAM review, 2003, 45 (2): 167 – 256.

[117] Nwaogu U G, Ryan M. Spatial interdependence in US outward FDI into Africa, Latin America and the Caribbean [J]. The World Economy, 2014, 37 (9): 1267 – 1289.

[118] Oates W E, Schwab R M. Economic competition among jurisdictions: efficiency enhancing or distortion inducing? [J]. Journal of public economics, 1988, 35 (3): 333 – 354.

[119] Panayotou T. Demystifying the environmental Kuznets curve: turning a black box into a policy tool [J]. Environment and Development Economics, 1997, 2 (4): 465 – 484.

[120] Panayotou T. Empirical tests and policy analysis of environmental degradation at different stages of economic development [R]. International Labour Organization, 1993.

[121] Pao H T, Tsai C M. Modeling and forecasting the CO_2 emissions, energy consumption, and economic growth in Brazil [J]. Energy, 2011, 36 (5): 2450 – 2458.

[122] Pearce D. Blueprint 2: greening the world economy [M]. Routledge, 2013.

[123] Pearson C S. Multinational corporations, environment, and the third world: business matters [J]. Duke Press policy studies (USA), 1987.

[124] Poelhekke S, Van der Ploeg F. Green havens and pollution havens [J]. The World Economy, 2015, 38 (7): 1159 – 1178.

[125] Potterie B P, Lichtenberg F. Does foreign direct investment transfer technology across borders? [J]. Review of Economics and statistics, 2001, 83 (3): 490 – 497.

[126] Poyhonen, P. A Tentative Model for the Volume of Trade between Countries [J]. Weltwirtschaftliches Archive, 1963, 90: 93 – 100.

[127] Prakash A, Potoski M. Racing to the bottom? Trade, environmental governance, and ISO 14001 [J]. American journal of political science, 2006, 50 (2): 350 – 364.

[128] Puller S L. The strategic use of innovation to influence regulatory standards [J]. Journal of Environmental Economics and management, 2006, 52 (3): 690 – 706.

[129] Ramasamy B, Yeung M, Laforet S. China's outward foreign direct investment: Location choice and firm ownership [J]. Journal of world business, 2012, 47 (1): 17 – 25.

[130] Rasciute S, Pentecost E, Ferrett B. Firm heterogeneity in modelling foreign direct investment location decisions [J]. Applied Economics, 2014, 46 (12): 1350 – 1360.

[131] Rivera J, Oh C H. Environmental regulations and multinational corporations' foreign market entry investments [J]. Policy Studies Journal, 2013, 41 (2): 243 – 272.

[132] Roberto B. Acquisition versus Greenfield investment: the location of foreign manufacturers in Italy [J]. Regional Science & Urban Economics, 2004, 34 (1): 3 – 25.

[133] Root F R, Ahmed A A. Empirical determinants of manufacturing direct foreign investment in developing countries [J]. Economic development and cultural change, 1979, 27 (4): 751 – 767.

[134] Saban D, Bonomo F, Stier – Moses N E. Analysis and models of bilateral investment treaties using a social networks approach [J]. Physica A: Statistical Mechanics and its Applications, 2010, 389 (17): 3661 – 3673.

[135] Salop S C, Scheffman D T. Cost – raising strategies [J]. The Journal of Industrial Economics, 1987: 19 – 34.

[136] Salop S C, Scheffman D T. Raising rivals' costs [J]. The American Economic Review, 1983, 73 (2): 267 – 271.

[137] Sanna – Randaccio F, Sestini R. The impact of unilateral climate policy with endogenous plant location and market size asymmetry [J]. Review of International Economics, 2012, 20 (3): 580 – 599.

[138] Sapkota P, Bastola U. Foreign direct investment, income, and environmental pollution in developing countries: Panel data analysis of Latin America [J]. Energy Economics, 2017, 64: 206 – 212.

[139] Schoeneman J, Zhu B, Desmarais B A. Complex dependence in foreign direct investment: network theory and empirical analysis [J]. Available at SSRN 3018031, 2017.

[140] Selden T M, Song D. Environmental quality and development: is there a Kuznets curve for air pollution emissions? [J]. Journal of Environmental Economics and management, 1994, 27 (2): 147 – 162.

[141] Shafik N, Bandyopadhyay S. Economic growth and environmental quality: time – series and cross – country evidence [M]. World Bank Publications, 1992.

[142] Shahbaz M, Nasir M A, Roubaud D. Environmental degradation in France: the effects of FDI, financial development and energy innovations [J]. Energy Economics, 2018, 74: 843 – 857.

[143] Shahbaz M, Nasreen S, Abbas F, et al. Does foreign direct investment impede environmental quality in high – , middle – , and low – income countries? [J]. Energy Economics, 2015, 51: 275 – 287.

[144] Shao S, Liu J, Geng Y, et al. Uncovering driving factors of carbon emissions from China's mining sector [J]. Applied Energy, 2016, 166: 220 – 238.

[145] Shun – Chiao Chang. The Determinants and Motivations of China's Outward Foreign Direct Investment: A Spatial Gravity Model Approach [J]. Global Economic Review, 2014, 43 (3): 244 – 268.

[146] Siedschlag I, Smith D, Turcu C, et al. What determines the location choice of R&D activities by multinational firms? [J]. Research Policy, 2013, 42 (8): 1420 – 1430.

[147] Smarzynska B K, Wei S J. Pollution havens and foreign direct investment: dirty secret or popular myth? [R]. National bureau of economic research, 2001.

[148] Stern D I, Common M S, Barbier E B. Economic growth and environmental degradation: the environmental Kuznets curve and sustainable development [J]. World development, 1996, 24 (7): 1151 – 1160.

[149] Sultana N, Turkina E. Foreign direct investment, technological advancement, and absorptive capacity: A network analysis [J]. International Business Review, 2020, 29 (2): 101 – 668.

[150] Tang J. Testing the pollution haven effect: Does the type of FDI matter? [J]. Environmental and Resource Economics, 2015, 60 (4): 549 – 578.

[151] Tocar S. Determinants of foreign direct investment: A review [J]. Review of Economic and Business Studies, 2018, 11 (1): 165 – 196.

[152] Tole L, Koop G. Do environmental regulations affect the location decisions of multinational gold mining firms? [J]. Journal of Economic Geography, 2011, 11 (1): 151 – 177.

[153] Wang D T, Chen W Y. Foreign direct investment, institutional development, and environmental externalities: Evidence from China [J]. Journal of Environmental Management, 2014, 135: 81 – 90.

[154] Wang H, Liu H, Cao Z, et al. FDI technology spillover and threshold effect of the technology gap: regional differences in the Chinese industrial sector [J]. SpringerPlus, 2016, 5 (1): 1 – 12.

[155] Wheeler D. Racing to the bottom? Foreign investment and air pollution in developing countries [J]. The Journal of Environment and Development, 2001, 10: 225 – 245.

[156] Winn M. Corporate leadership and policies for the natural environment [J]. Research in corporate social performance and policy, supplement, 1995, 1: 127 – 161.

[157] Wolde-Rufael Y, Weldemeskel E M. Environmental policy stringency, renewable energy consumption and CO_2 emissions: Panel cointegration analysis for BRIICTS countries [J]. International Journal of Green Energy, 2020, 17 (10): 568-582.

[158] Xing Y, Kolstad C D. Do lax environmental regulations attract foreign investment? [J]. Environmental and Resource Economics, 2002, 21 (1): 1-22.

[159] Yang L G, Liu Y N. Can Japan's Outwards FDI Reduce its CO_2 Emissions?: A New Thought on Polluter Haven Hypothesis [C] //Advanced Materials Research. Trans Tech Publications Ltd, 2013, 807: 830-834.

[160] Yang Y, Niu G, Tang D, et al. Does Environmental Regulation Affect the Introduction of Foreign Direct Investment in China? -- Empirical Research Based on the Spatial Durbin Model [J]. Polish Journal of Environmental Studies, 2019, 28 (1).

[161] Zarsky L. Havens, halos and spaghetti: untangling the evidence about foreign direct investment and the environment [J]. Foreign direct Investment and the Environment, 1999, 13 (8): 47-74.

[162] Zeng D Z, Zhao L. Pollution havens and industrial agglomeration [J]. Journal of Environmental Economics and Management, 2009, 58 (2): 141-153.

[163] Zhang C, Zhou X. Does foreign direct investment lead to lower CO_2 emissions? Evidence from a regional analysis in China [J]. Renewable and Sustainable Energy Reviews. 2016, 58: 943-951.

[164] Zhang K, Dong J, Huang L, et al. China's carbon dioxide emissions: an interprovincial comparative analysis of foreign capital and domestic capital. Journal of Cleaner Production, 2019, 237: 117-753.

[165] Zugravusoilita N. How does foreign direct investment affect pollution? Toward a better understanding of the direct and conditional effects [J]. Environmental and Resource Economics, 2017, 66: 293-338.

[166] 白洁. 对外直接投资的逆向技术溢出效应——对中国全要素生产率影响的经验检验 [J]. 世界经济研究, 2009 (08): 65-69.

[167] 边婧, 张曙霄. 我国对外直接投资贸易效应的异质性研究——基

于"一带一路"沿线国家的分析 [J]. 经济纵横, 2020 (02): 99-105.

[168] 操龙升. 中国农业对外投资区位选择研究 [J]. 河南社会科学, 2017, 25 (03): 56-62.

[169] 岑鑫. "一带一路"国际投资中的企业环境责任 [J]. 人民法治, 2020 (02): 40-43.

[170] 陈婉. 绿色金融多领域实现新突破 [J]. 环境经济, 2020 (23): 16-23.

[171] 陈旋, 武戈. 环境规制对FDI的影响分析——基于广东的实证分析 [J]. 特区经济, 2010 (04): 32-34.

[172] 陈艳华. 大陆台资企业空间格局及跨界生产网络的空间组织研究 [D]. 福建: 福建师范大学, 2018.

[173] 程衍生. 影响中国对外直接投资区位选择因素研究 [J]. 华东经济管理, 2019, 33 (05): 1-97.

[174] 戴冠. 中国对外直接投资区位选择的影响因素分析 [J]. 经济研究导刊, 2019 (15): 67-70.

[175] 邱玉娜, 由林青. 中国对"一带一路"国家的投资动因、距离因素与区位选择 [J]. 中国软科学, 2018 (02): 168-176.

[176] 董新新. 国对外直接投资区位选择影响因素研究 [J]. 北京交通大学, 2017.

[177] 董战峰, 葛察忠, 王金南, 等. "一带一路"绿色发展的战略实施框架 [J]. 中国环境管理, 2016, 8 (02): 31-35.

[178] 杜婕, 张墨竹. "一带一路"倡议对绿色金融发展的促进作用研究 [J]. 吉林大学社会科学学报, 2019, 59 (03): 49-61.

[179] 杜莉, 马遥遥. "一带一路"沿线国家的绿色发展及其绩效评估 [J]. 吉林大学社会科学学报, 2019, 59 (05): 135-149.

[180] 付圆圆. 我国医药制造业OFDI决策与区位选择研究 [D]. 天津: 天津财经大学, 2018.

[181] 傅京燕, 胡瑾, 曹翔. 不同来源FDI、环境规制与绿色全要素生产率 [J]. 国际贸易问题, 2018 (07): 134-148.

[182] 盖·扎曼, 尤·莫·奥埃赫列亚-欣卡伊, 李丹琳. 环境、社会、技术和治理: "一带一路"倡议的可持续发展原则 [J]. 欧亚经济, 2020,

248 (05): 94-108.

[183] 高艺娜. 丝绸之路经济带 IFDI 的环境效应研究 [D]. 西安: 西安理工大学, 2019.

[184] 葛璐澜, 程小庆, 金洪飞. 中国对外直接投资的区位选择——基于东道国特征的视角 [J]. 浙江学刊, 2020 (04): 91-99.

[185] 龚静, 尹忠明. 新兴经济体国家之间存在外商直接投资的互补效应吗?——基于 26 国面板数据的空间计量经济模型研究 [J]. 投资研究, 2015, 34 (02): 4-16.

[186] 龚新蜀, 李梦洁. OFDI、环境规制与中国工业绿色全要素生产率 [J]. 国际商务研究, 2019, 40 (01): 86-96.

[187] 关迪. 绿色保险护航"一带一路"建设研究 [D]. 辽宁: 辽宁大学, 2019.

[188] 郭道玥. "一带一路"倡议下绿色金融的可持续发展 [J]. 时代金融, 2020 (23): 14-15.

[189] 郭红燕, 韩立岩. 外商直接投资、环境管制与环境污染 [J]. 国际贸易问题, 2008 (08): 111-118.

[190] 郭建万, 陶锋. 集聚经济、环境规制与外商直接投资区位选择——基于新经济地理学视角的分析 [J]. 产业经济研究, 2009 (04): 29-37.

[191] 韩永辉, 韦东明, 谭锐. "一带一路"沿线国家投资价值评估研究——基于 GPCA 模型的测算分析 [J]. 国际经贸探索, 2019, 35 (12): 41-56.

[192] 贺秀英. 绿色"一带一路"背景下我国环保产业"走出去"的现状、问题及策略 [J]. 对外经贸实务, 2020 (07): 20-24.

[193] 胡翠平. 中国企业顺向与逆向 OFDI 的动因及影响因素对比分析 [J]. 国际经贸探索, 2015, 31 (05): 86-98.

[194] 胡涛, 姬婧玉. 论绿色"一带一路"建设中绿色产品的投资与贸易 [J]. 环境保护, 2017, 45 (16): 36-38.

[195] 胡琰欣, 屈小娥, 李依颖. 我国对"一带一路"沿线国家 OFDI 的绿色经济增长效应 [J]. 经济管理, 2019, 41 (06): 5-21.

[196] 胡颖, 孙迪. 空间视角下东道国信息化水平对中国 OFDI 影响研究 [J]. 市场研究, 2020 (04): 3-7.

[197] 黄爽. 中国农业企业对外直接投资的影响因素研究 [D]. 辽宁: 辽宁大学, 2018.

[198] 黄秀路, 韩先锋, 葛鹏飞. "一带一路" 国家绿色全要素生产率的时空演变及影响机制 [J]. 经济管理, 2017, 39 (09): 6-19.

[199] 冀相豹. 制度差异、累积优势效应与中国 OFDI 的区位分布 [J]. 世界经济研究, 2014 (01): 73-80.

[200] 贾玉成, 张诚. 双边投资协定 (BIT) 对中国 OFDI 区位选择的影响 [J]. 河北大学学报 (哲学社会科学版), 2016, 41 (02): 82-90.

[201] 江汝尘. "一带一路" 沿线国家投资便利化对中国对外直接投资的影响 [D]. 合肥: 安徽财经大学, 2020.

[202] 姜慧. 东道国基础设施水平对我国对外直接投资的影响——基于 "一带一路" 国家的系统 GMM 研究 [J]. 对外经贸, 2017 (03): 22-25.

[203] 蒋冠宏, 蒋殿春. 中国对外投资的区位选择: 基于投资引力模型的面板数据检验 [J]. 世界经济, 2012, 35 (09): 21-40.

[204] 蒋南平, 向仁康. 中国经济绿色发展的若干问题 [J]. 当代经济研究, 2013 (02): 50-54.

[205] 鞠晗. 基于制度距离视角的中国对 "一带一路" 沿线国家 OFDI 区位选择研究 [D]. 西南财经大学, 2019.

[206] 李国平, 杨开忠. 外商对华直接投资的产业与空间转移特征及其机制研究 [J]. 地理科学, 2000 (02) 102-109.

[207] 李国平, 杨佩刚, 宋文飞, 等. 环境规制、FDI 与 "污染避难所" 效应——中国工业行业异质性视角的经验分析 [J]. 科学学与科学技术管理, 2013, 34 (10): 122-129.

[208] 李光勤, 洪梦. 中国的 OFDI 与 "一带一路" 沿线国家绿色发展 [J/OL]. 重庆工商大学学报 (社会科学版): 1-24. http://kns.cnki.net/kcms/detail/50.1154.C.20201028.1227.002.html.

[209] 李恒, 周浩. 吸收能力、FDI 外溢与企业的区位策略——来自新建企业选址的证据 [J]. 经济学家, 2015, 7 (7): 45-54.

[210] 李金珊, 张默含. 中国对外直接投资宏观、中观与微观研究述评 [J]. 现代管理科学, 2012 (02): 6-8.

[211] 李勤昌, 许唯聪. 中国对 "一带一路" 全域 OFDI 的区位选择——

基于空间效应视角［J］. 宏观经济研究, 2017（08）: 3-18.

［212］李晓, 杨弋. 中国"一带一路"沿线投资的影响因素研究——基于投资引力模型的实证检验［J］. 东北师大学报（哲学社会科学版）, 2019（06）: 151-158.

［213］李晓钟, 徐慧娟. 中国对"一带一路"沿线国家直接投资贸易效应研究［J］. 国际经济合作, 2018（10）: 4-9.

［214］林子欣. 产业转移视角下的工业企业选址［D］. 合肥: 中国科学技术大学, 2019.

［215］刘惠敏. 中国对"一带一路"沿线国家直接投资影响因素研究［D］. 上海: 华东政法大学, 2019.

［216］刘景卿, 于佳雯, 车维汉. FDI流动与全球价值链分工变化——基于社会网络分析的视角［J］. 财经研究, 2019, 45（03）: 100-113.

［217］刘凯, 张文文. 中国对外直接投资存在制度偏好吗——基于投资动机异质视角［J］. 宏观经济研究, 2018（07）: 59-75.

［218］刘梦恒. 中国对外直接投资的空间效应研究［D］. 浙江大学, 2019.

［219］刘乃全, 戴晋. 我国对"一带一路"沿线国家OFDI的环境效应［J］. 经济管理, 2017, 39（12）: 6-23.

［220］刘芊岑. 环境规制对中国在"一带一路"投资的影响研究［D］. 广东外语外贸大学, 2018.

［221］刘秋妹. "一带一路"背景下海外投资环境违法风险防控［J］. 对外经贸实务, 2020（10）: 73-76.

［222］刘卫东. "一带一路"倡议的科学内涵与科学问题［J］. 地理科学进展, 2015, 34（05）: 538-544.

［223］刘晓宁. 企业对外直接投资区位选择——东道国因素与企业异质性因素的共同考察［J］. 经济经纬, 2018, 35（03）: 59-66.

［224］刘艳. 中国煤炭企业境外投资的区位选择研究［D］. 北京: 中国矿业大学, 2014.

［225］刘玉博, 吴万宗. 中国OFDI与东道国环境质量: 影响机制与实证检验［J］. 财贸经济, 2017, 38（01）: 99-114.

［226］刘振林, 黄凯. 制度距离对中国对外直接投资区位分布的影响研

究——基于"一带一路"沿线47国数据的实证分析 [J]. 经济经纬, 2019, 36 (02): 64-71.

[227] 马骏驰. 德国与维谢格拉德国家的经贸、投资关系探究——对中国与中东欧合作的启示 [J]. 欧亚经济, 2015 (06): 68-81.

[228] 马述忠, 刘梦恒. 中国在"一带一路"沿线国家OFDI的第三国效应研究: 基于空间计量方法 [J]. 国际贸易问题, 2016 (07): 72-83.

[229] 马怡佳. 中国对"一带一路"沿线国家直接投资的贸易效应研究 [D]. 北京邮电大学, 2018.

[230] 潘素昆, 杨雅琳. "一带一路"国家基础设施和中国对外直接投资区位选择 [J]. 统计与决策, 2020, 36 (10): 133-138.

[231] 彭水军, 包群. 经济增长与环境污染——环境库兹涅茨曲线假说的中国检验 [J]. 财经问题研究, 2006 (08): 3-17.

[232] 秦洪军, 邓嘉琪, 居鑫源. "一带一路"倡议下中国对外投资研究的文献统计——基于CNKI数据库2014—2018年CSSCI期刊数据的分析 [J]. 东北亚经济研究, 2020, 4 (01): 5-14.

[233] 秦泗霞. 中国企业对外直接投资模式选择研究 [D]. 北京: 中国矿业大学, 2019.

[234] 秦笑. 中国对"一带一路"沿线国家直接投资的影响因素分析——基于空间视角的研究 [J]. 区域金融研究, 2018 (09): 16-22.

[235] 邱强, 王赛, 张统勋. 亚太国家环境规制对我国OFDI的影响研究 [J]. 亚太经济, 2018 (01): 120-125.

[236] 石敏俊. 中国经济绿色发展理论研究的若干问题 [J]. 环境经济研究, 2017, 2 (04): 1-6.

[237] 史本叶, 张超磊. 中国对东盟直接投资: 区位选择、影响因素及投资效应 [J]. 武汉大学学报 (哲学社会科学版), 2015, 68 (03): 66-72.

[238] 帅芳彬. 第三国效应对中国在"一带一路"沿线国家OFDI区位选择的影响分析 [D]. 山东大学, 2018.

[239] 苏红岩, 李京梅. "一带一路"沿线国家FDI空间布局与污染转移的实证研究 [J]. 软科学, 2017, 31 (03): 25-29.

[240] 苏小莉, 孙玉琴. 中国异质性企业OFDI区位选择的实证分析——基于东道国技术限制角度 [J]. 经济与管理, 2017, 31 (03): 65-69.

[241] 苏馨. 中国对"一带一路"沿线国家直接投资的风险研究 [D]. 吉林: 吉林大学, 2017.

[242] 汤子玉. 环境规制对我国对外直接投资的产业与区位影响研究 [D]. 山东师范大学, 2019.

[243] 唐锋, 谭晶荣. 核心劳工标准对国际贸易的影响——基于包含"多边阻力项"的引力模型 [J]. 中南财经政法大学学报, 2014 (06): 102-108.

[244] 陶攀. 中国企业跨境并购的动因及影响研究 [D]. 北京: 对外经济贸易大学, 2014.

[245] 陶禹佑. 环境规制对中国企业OFDI区位选择的影响研究 [D]. 长沙: 中南林业科技大学, 2019.

[246] 汪孙达. "一带一路"下OFDI的产业升级效应研究 [D]. 杭州: 浙江大学, 2017.

[247] 王方方. 企业异质性条件下中国对外直接投资区位选择研究 [D]. 广州: 暨南大学, 2012.

[248] 王芳, 焦健, 熊华文, 刘蕾. "一带一路"中国境外工业园区绿色可持续发展研究 [J]. 中国能源, 2020, 42 (09): 43-47.

[249] 王晖, 仲鑫. 基于空间视角的中国制造业OFDI的东道国影响因素实证研究——以"一带一路"沿线国家为例 [J]. 经济问题探索, 2020 (11): 105-120.

[250] 王吉霞. "一带一路"沿线国家投资便利化水平及其对中国OFDI的影响 [D]. 天津财经大学, 2018.

[251] 王杰明. 文化差异对国际直接投资网络的影响研究 [D]. 长沙: 湖南大学, 2012.

[252] 王静, 李雪梅. "一带一路"背景下中国对外直接投资及其对产业优化升级的影响 [J]. 中国经贸导刊 (中), 2019 (09): 18-19.

[253] 王玲玲, 张艳国. "绿色发展"内涵探微 [J]. 社会主义研究, 2012 (05): 143-146.

[254] 王培志, 潘辛毅, 张舒悦. 制度因素、双边投资协定与中国对外直接投资区位选择——基于"一带一路"沿线国家面板数据 [J]. 经济与管理评论, 2018, 34 (01): 5-17.

[255] 王劭璇. 中国对"一带一路"沿线国家 OFDI 的母国产业升级效应研究 [D]. 南京：东南大学，2019.

[256] 王胜，田涛. 中国对外直接投资区位选择的影响因素研究——基于国别差异的视角 [J]. 世界经济研究，2013（12）：60-66.

[257] 王世汶，杨亮，常杪. 绿色"一带一路"背景下我国环保产业如何"走出去" [J]. 中国发展观察，2020（01）：57-60.

[258] 王文佳，魏龙. "一带一路"沿线国家制度对中国 OFDI 的影响——基于空间关联效应的分析 [J]. 投资研究，2020，39（03）：98-112.

[259] 王雪辰，李锦生. 东道国治理水平对中国 OFDI 区位选择影响——以对"一带一路"沿线国投资为例 [J]. 经济研究导刊，2019（15）：176-179.

[260] 王增涛. 对外直接投资区位选择的分析框架及启示 [J]. 国际金融研究，2002（03）：52-57.

[261] 温宗国，胡赟，罗恩华. 循环经济：模式创新破解资源短缺困局——工业园区循环化改造路径及实证分析 [J]. 环境保护，2016（17）：12-17.

[262] 吴建祖，郑秋虾. 东道国环境规制与中国对外直接投资动因——来自"一带一路"沿线国家的经验证据 [J]. 兰州大学学报（社会科学版），2020，48（04）：49-59.

[263] 武艺扬. 中国对"一带一路"沿线国家直接投资的风险及防范 [J]. 中国经贸导刊（中），2020（03）：16-20.

[264] 夏海霞，刘梦华，陈逸子. 基于引力模型的欧洲直接投资区位选择 [J]. 贵州商学院学报，2018，31（04）：71-78.

[265] 项本武. 东道国特征与中国对外直接投资的实证研究 [J]. 数量经济技术经济研究，2009，26（07）：33-46.

[266] 肖光恩. 国际直接投资区位选择理论发展的新趋势 [J]. 亚太经济，2009（02）：10-14.

[267] 肖挺. 全球制造业服务化对各国国际贸易的影响——基于贸易引力模型的经验研究 [J]. 中国流通经济，2018，32（09）：98-107.

[268] 谢杰，刘任余. 基于空间视角的中国对外直接投资的影响因素与贸易效应研究 [J]. 国际贸易问题，2011（06）：66-74.

[269] 熊彬，王梦娇. 基于空间视角的中国对"一带一路"沿线国家直

接投资的影响因素研究 [J]. 国际贸易问题, 2018 (02): 102-112.

[270] 徐沛然. 东道国环境规制对中国 OFDI 的影响研究 [D]. 杭州: 浙江工商大学, 2016.

[271] 徐强. 空间视角下中国对"丝绸之路经济带"沿线国家直接投资影响因素研究 [D]. 乌鲁木齐: 新疆财经大学, 2019.

[272] 杨丽华, 薛莹, 董晨晨. "一带一路"背景下中国 ODI 的行为特征及环境风险表征 [J]. 长沙理工大学学报 (社会科学版), 2019, 34 (04): 52-62.

[273] 杨丽君. "一带一路"倡议下我国对沿线国家直接投资的区位选择——基于引力模型的实证分析 [J]. 新疆社会科学, 2017 (03): 38-46.

[274] 杨文龙, 杜德斌, 游小珺, 史文天, 颜子明. 世界跨国投资网络结构演化及复杂性研究 [J]. 地理科学, 2017, 37 (09): 1300-1309.

[275] 杨兴锐, 齐二娜. 我国农业对外投资区位选择及应对策略 [J]. 农业经济, 2019 (03): 46-48.

[276] 杨亚平, 高玥. "一带一路"沿线国家的投资选址——制度距离与海外华人网络的视角 [J]. 经济学动态, 2017 (04): 41-52.

[277] 姚战琪. 中国对"一带一路"沿线国家 OFDI 逆向技术溢出的影响因素研究 [J]. 北京工商大学学报 (社会科学版), 2017, 32 (05): 11-24.

[278] 叶尔肯·吾扎提, 张薇, 刘志高. 我国在"一带一路"沿线海外园区建设模式研究 [J]. 中国科学院院刊, 2017, 32 (04): 355-362.

[279] 于峰, 齐建国. 我国外商直接投资环境效应的经验研究 [J]. 国际贸易问题, 2007 (08): 104-112.

[280] 于瀚辰, 周麟, 沈体雁. 制造业企业区位选择集聚经济指向的空间效应 [J]. 地理研究, 2019, 38 (02): 273-284.

[281] 于晋伟. 东道国城镇化水平对中国 OFDI 区位选择影响研究 [D]. 太原: 山西财经大学, 2018.

[282] 余珮, 彭歌. 环境规制强度与中国对美国直接投资的区位选择 [J]. 当代财经, 2019 (11): 3-13.

[283] 喻世友, 万欣荣, 史卫. 论跨国公司 R&D 投资的国别选择. 管理世界 [J], 2004 (01): 46-54.

[284] 张瑞良. 中国对"一带一路"沿线国家 OFDI 区位选择研究——基于制度距离视角 [J]. 山西财经大学学报, 2018, 40 (03): 25-38.

[285] 张亚斌. "一带一路"投资便利化与中国对外直接投资选择——基于跨国面板数据及投资引力模型的实证研究 [J]. 国际贸易问题, 2016 (09): 165-176.

[286] 赵楠. 区域工业发展空间布局的战略环境评价研究 [D]. 北京: 清华大学, 2010.

[287] 中国能源研究会能效与投资评估专委会. "一带一路"中国建设的典型工业园区绿色化研究 [R]. 2019.

[288] 周浩, 余壮雄, 杨铮. 可达性、集聚和新建企业选址——来自中国制造业的微观证据 [J]. 经济学 (季刊), 2015 (03): 1393-1416.

[289] 周浩, 郑越. 环境规制对产业转移的影响——来自新建制造业企业选址的证据 [J]. 南方经济, 2015 (04): 12-26.

[290] 周经, 刘厚俊. 制度距离、人力资源与跨国企业对外投资模式选择 [J]. 财贸研究, 2015, 26 (01): 73-79.

[291] 周强. 营商环境对中国企业 OFDI 影响研究 [D]. 南京: 南京审计大学, 2018.

[292] 左思明. 投资便利化对中国对外直接投资及技术溢出的影响研究 [D]. 对外经济贸易大学, 2019.